*Gisela Hopfmüller | Franz Hlavac*

AF635565

# 111 Ideen für einen besonderen Garten

111

emons:

**Bibliographische Informationen der Deutschen Nationalbibliothek**
Die Deutsche Nationalbibliothek verzeichnet diese Publikation in der Deutschen Nationalbibliografie; detaillierte bibliografische Daten sind im Internet über http://dnb.d-nb.e abrufbar.

MIX
Papier aus verantwortungsvollen Quellen
FSC® C083411
FSC
www.fsc.org

© Emons Verlag GmbH
Alle Rechte vorbehalten
© der Fotografien: Gisela Hopfmüller und Franz Hlavac, außer:
Kapitel 11: B.Gironcoli Werk Verwaltung Wien;
Kapitel 22 oben: Castello Cordovado/Benedetta Piccolomini;
Kapitel 40 unten: Karl Ploberger; Kapitel 110: Dieter Arbeiter
© Covermotiv: shutterstock.com/Nerthuz; giedre vaitekune
Gestaltung: Eva Kraskes, nach einem
Konzept von Lübbeke | Naumann | Thoben
Druck und Bindung: CPI – Clausen & Bosse, Leck
Printed in Germany 2022
ISBN 978-3-7408-1382-6

Unser Newsletter informiert Sie
regelmäßig über Neues von emons:
Kostenlos bestellen unter
www.emons-verlag.de

# Vorwort

Träume in lebendige, bunte Wirklichkeit verwandeln – das klassische Ziel des Gärtnerns, tausendfach beschrieben und doch immer wieder neu. Einen Garten anlegen und pflegen ist Kommunikation mit der Natur. Denn der Garten teilt mit, was er mag und was nicht, was das erfolgreiche Gedeihen der Pflanzen oder ihr Vegetieren zwischen Leben und Tod bedingt. Das bedeutet aber nicht, dass nur Bekanntes, Althergebrachtes, immer schon dort Heimisches seinen Platz finden kann. Es bedeutet, dass die Intelligenz der Pflanzen mit jener der Gärtnerin oder des Gärtners kreativ zusammenfinden soll, sodass Überraschendes entsteht.

Der Garten spiegelt die permanente Veränderung des Lebens wider. Jeder Zyklus von Werden und Vergehen hat auf verschiedene Pflanzen einen anderen Einfluss! Was macht den Garten also zu etwas Besonderem? Dass wir aus vergangenem und aktuellem Wissen heraus mit Kreativität Eigenes entwickeln. Das weist in eine individuelle Gartenzukunft, in der die selbst entwickelten und realisierten Ideen Freude bereiten. Dieser Vorgang ist nie erledigt, es ist ein immer aufs Neue erfrischender Prozess zwischen Wissen und Träumen.

Klarerweise spielen solche Träume eine besonders wichtige Rolle; die Träume vom Süden zum Beispiel, wo der Mensch sich fühlt, als ob er selbst aufblühte. Das sich in vielen Zonen Europas stark wandelnde Klima wollen wir nicht ausschließlich unter der Perspektive von Trockenheit und Starkregen betrachten, es kann auch ungeahnte Chancen bieten. Mehr Wärme eröffnet nämlich die Möglichkeit zu neuer Ästhetik und neuem Nutzen, die vor einigen Jahren in Mittel- und Nordeuropa noch undenkbar gewesen wären. Sommerhitze? Mediterrane Pflanzen sind sie gewohnt. Weniger Winterfrost? Hurra! Was kann da jetzt alles Platz im eigenen Garten finden, das zuletzt im sonnigen Süden bestaunt wurde! Neues zu versuchen lohnt sich. Die 111 Ideen dieses Buches sollen Begleiter auf diesem Weg sein.

# 111 Ideen

# 1 Akzente setzen

*Von Blickachsen, Gartenräumen und Proportionen*

Ein Ringen mit der Natur, freudvoll, manchmal mühsam – das Anlegen eines Gartens hat unendlich viele Facetten. Jeder Versuch, einen Garten zu gestalten, ist ein Versuch, die Natur zu beherrschen. Das war bei den Barockgärten so, durch deren Ordnung und Struktur die Herrscher ihre Macht demonstrierten, das ist genauso im Kleingarten des 21. Jahrhunderts, bei dem die Persönlichkeit des Besitzers sichtbar wird.

Planung ist alles; egal ob eine Fläche neu- oder umgestaltet wird, ob sie klein oder groß ist (laut Statistik liegt die durchschnittliche Gartengröße in Deutschland bei knapp 500 Quadratmetern, in Österreich bei knapp 400 Quadratmetern). Sich auf einen Sessel an eine zentrale Stelle im (künftigen) Garten setzen, rundum schauen, eine Skizze machen – schon wird klar, was wichtig ist: Blickachsen, die an besonders schönen Punkten münden sollen, einer Bank, einem Brunnen, einer Skulptur vielleicht, eingefasst von Lavendelbüschen oder Blumenbeeten, wie es beliebt. Kleiner Garten ganz groß – der Effekt entsteht, wenn eine Diagonale als längste mögliche Linie zur Blickachse wird. Optische Täuschungen können viel ermöglichen. So verändert etwa ein kurviger, unterschiedlich breiter Weg den Eindruck von einem schmalen, langen Garten.

Die Ideen bleiben nicht aus, wo Gartenräume entstehen sollen. Wie die wenigsten Menschen gern in einem riesigen Ein-Raum-Loft wohnen, so gilt es auch im Freien »Zimmer« zu schaffen, als Räume zum Ausruhen und Nachdenken, als Essplatz, als Gemüse- und/oder Obstgarten, auch einfach als optische Einheit, einsehbar oder nicht, als Hügel oder Senke. Es lohnt, sich dabei mit dem Goldenen Schnitt zu befassen, der seit der Antike ein Maß für harmonische Proportionen in Architektur und Kunst ist. Warum also nicht einen Gartenraum mit einem Seitenverhältnis von 1 zu 1,6 anlegen? Wer Harmonie sucht, sollte auch wissen: Symmetrie erzeugt sie immer.

Die Gartengestalterin Fenna Graf hat in einem einen Hektar großen Garten ihres Gehöfts Spangsrade im Schleswig-Holstein'schen Ascheberg insgesamt 26 wunderbare Gartenräume geschaffen, an Teichen, mit Bänken unter Bäumen, bei Wasserläufen, Staudenbeeten … Ein Paradies inmitten von Feldern, das auch besucht werden kann und als Deutschlands schönster Garten 2019 ausgezeichnet wurde. www.grafgarten.de

# 2 Geborgte Landschaft

*Aus klein mach groß, aus eng mach weit*

Für englische Gartengestalter ist es eine Selbstverständlichkeit: »Use nature's beauty as a backdrop for you own garden« – die Schönheit der Natur als Hintergrund für den eigenen Garten verwenden. Der Effekt der »borrowed landscape«, der geborgten Landschaft, muss vielen Gartenbesitzern des europäischen Festlandes erst bewusst werden. Wie oft münden Gärten an hohen Mauern, Zäunen, Hecken, ohne jeglichen freien Blick auf die Umgebung. Dabei würde sich dieser lohnen.

»Shakkei« ist der japanische Begriff für die geborgte Landschaft und hat seine Wurzeln in den Traditionen chinesischer Gartenarchitektur. Auch da gab und gibt es das Bemühen, Objekte von außerhalb in die Komposition des Gartens optisch zu integrieren. Im 18. Jahrhundert hat der englische Landschaftsarchitekt Lancelot »Capability« Brown (eine Koryphäe seiner Zeit, den Beinamen erhielt er wegen der Potenziale des jeweiligen Terrains, die er nutzte) mit seiner Kunst der Gestaltung die Gartenlandschaft mit ihrer Umgebung intensiv verwoben. Und auch heute arbeiten nicht nur die Stars unter den Landschaftsgestaltern, wie der Niederländer Piet Oudolf, mit Effekten, welche die Grenzen zwischen drinnen und draußen verschwimmen lassen.

Ein Garten wird zum Gartenpanorama durch den Mut zur Lücke. Das kann heißen: Eine Hecke wird nicht durchgehend gepflanzt, sondern ein Stück bleibt frei, was den Blick auf die umgebenden Wiesen und Felder ermöglicht. Geborgte Landschaft schafft optisch Raum. Was aber tun, wenn die Umgebung wenig attraktiv scheint? Genau schauen! Es findet sich immer irgendeine Möglichkeit. Piet Oudolf empfiehlt zum Beispiel: Man kann sich auch Bäume in Nachbars Garten optisch ausborgen oder einen Berg in weiter Ferne, indem man die eigenen Pflanzungen in der Blickrichtung niedrig und einheitlich hält und so den Vordergrund gleichsam zum Hintergrund macht. Die Belohnung: die Schönheit der Weite.

Manche nennen ihn den »Pop-Star« unter den Landschaftsgestaltern: Piet Oudolf, Broekstraat 17, 6999 DE Hummelo / Niederlande, https://oudolf.com

# 3 Gut gebunden

*Was Weidentriebe alles können*

Der 90-jährige Bepo rümpft die Nase: »Weinreben binden mit diesem Drahtzeug? Kommt nicht infrage!« Er lässt nur gelten, ganz traditionell Weidenruten dafür zu verwenden. Dicke Büschel von deren gelblichen Trieben schneidet er entlang des Flusses, wo jede Menge Korb-Weiden (*Salix viminalis)* wachsen, denn diese haben es gern feucht an den Wurzeln. Im Februar gehören Weiden ohnehin geschnitten, sollen sie ordentlich wachsen und dabei die Färbung der Rinde behalten.

Wer den Dreh einmal heraus hat, bindet mit dünnen Weidenruten ebenso schnell wie mit den modernen Hilfsmitteln Draht oder Schnur. Im Weingarten zum Beispiel geht das so: Schräg die Weidenrute über den Trieb der Rebe und den Spanndraht legen, an dem dieser fixiert werden soll, dreimal verdrehen und ein Ende in Richtung Draht biegen – fertig. Der Knoten hält sicher die ganze Weingartensaison und ist beim nächsten Rebschnitt im Februar rasch durchgezwickt. Aber auch bei vielem anderen, was im Garten anzubinden ist, funktioniert die Methode gut, etwa wenn ein Stützpfahl an einem jungen Baum zu fixieren ist. Dabei ist allerdings darauf zu achten, nicht zu stark festzuziehen und der Pflanze Platz für das Stammwachstum zu lassen. Auch ein Weidenobelisk als Rankhilfe für Kletterpflanzen aller Art ist leicht herzustellen: zehn Äste kreisförmig in den Boden stecken und oben mit einer Weidenrute zusammenbinden – fertig! So eine Konstruktion – in den Dimensionen stark vergrößert – lässt ein Zelt entstehen, das bei Kindern Begeisterung auslöst (quer eingeflochtene Triebe erhöhen die Stabilität).

Wer den Vögeln im winterlichen Garten etwas Gutes tun will, bindet ein Büschel etwa 25 Zentimeter langer Weidenruten oben mit einer dünnen Weide zusammen, fügt eine Meisenkugel zwischen die Ruten und bindet diese unterhalb der Kugel zusammen. Nun rasch in einen Baum gehängt; die gefiederten Gäste wissen derlei zu schätzen!

Ruten mit gelber Rinde hat auch *Salix alba* f. *vitellina*, dagegen leuchten die Zweige von *Salix alba* f. *chermesina* oder *Salix alba* f. *britzensis* in Rot. Vor dem Binden die dünnen Ruten am besten frisch schneiden oder zumindest einen Tag einwässern!

# 4 Gut gestützt

*Alles ganz natürlich*

Ein Stück Wäscheleine um die Pfingstrosen wickeln, damit sie nicht auseinanderkippen? Die leuchtend grüne Plastikschnur soll den Sonnenhut-Horst zusammenhalten? Erzählen Sie so etwas nie einem englischen Chief Gardener. Diesen Chefs englischer Gartenwelten ist bei solchen Vorgehensweisen das Entsetzen ins Gesicht geschrieben. Die Devise muss daher heißen: Die Stützen kommen aus der Natur.

Wenn der Frühjahrsschnitt an Baum und Sträuchern stattfindet, dann kommt das Schnittgut größtenteils in den Häcksler und der entstehende Mulch später auf Blumen- und Staudenbeete. So weit, so gut. Wer aber vorhat, Blumen, Stauden oder Gemüse zu kultivieren, die im Zuge ihres Wachstums Unterstützung brauchen, der tut gut daran, viele verzweigte und stabile Äste aufzuheben. Diese werden einfach zu den Pfingstrosen und anderen Stauden gesteckt, schon wenn sie austreiben. Auch die Erbsen, die Buschbohnen, einfach alles, was nicht gern allein auf den grünen Füßen steht, bekommen solche Äste rundherum und mitten hinein. Das kann auch zur Kunstform werden, wenn nämlich diese Stützäste in gefälligem Grundriss in den Boden gesteckt und dann noch miteinander verwoben werden. So entstehen malerische Geflechte oder Bögen und somit ästhetische Lösungen, die auch noch gratis sind. Zur stabilen Verbindung stärkerer Äste ist fallweise der Einsatz einer Schnur möglich – aber nur dort! Und nur eine aus natürlichem Material wie Hanf oder Jute; oder Weidenruten, wie im vorigen Kapitel beschrieben.

Weniger englisch elegant, aber effektiv und optisch kaum störend sind Gitter aus Baustahl oder Kaninchengitter, jedenfalls an Stellen, an denen sie von Pflanzen überwachsen und somit unsichtbar werden. Sie können – gebogen oder gerade – bei entsprechender Höhe auch gewichtigeren Genossen wie Gurken- oder Kürbispflanzen gute Standhaftigkeit verleihen. Ihr großer Vorteil: Sie sind immer wieder verwendbar.

Für selbst gebaute Stützen eignen sich Äste von Haselnusssträuchern besonders gut; die dickeren als Grundstützen, die dünneren haben viele nützliche kleine Queräste. Zum Verflechten sind auch die »Lianen« der Waldrebe praktisch.

# 5 Harmonie der Farben

*Zwischen Farbenlehre und Individualität*

»Wir haben unseren Gärten gegenüber die Verpflichtung, die Pflanzen so einzusetzen, dass wunderschöne Bilder entstehen.« So formulierte Gertrude Jekyll (1843–1932), eine der bedeutendsten englischen Gartengestalterinnen. Sie war auch Malerin mit intensiver Beziehung zu Farben. Einen Garten sah sie als Gemälde. Gertrude Jekyll hat 1899 die Grundidee zu gemischten Staudenbeeten beschrieben, den berühmt gewordenen englischen »mixed borders«. Sie war eine Meisterin der zart abgestuften Farbübergänge.

Farbe kann »durchs Auge aufs Gemüt« wirken, sie kann »Gesichtssinn und Geist mit sich in Einklang bringen«. Was Goethe auf die Kunst bezogen im Jahr 1810 in seiner Farbenlehre schrieb, gilt ebenso für das Blühen im Garten. Die Kenntnis des Farbkreises, wie ihn der Schweizer Maler, Bauhaus-Lehrer und Kunsttheoretiker Johannes Itten (1888–1967) definiert hat, hilft auch bei der Zusammenstellung von Blumenbeeten. Es geht um die Wirkung der Farbtemperatur und der Kontraste. Hell-Dunkel-Kontraste etwa erzeugen Räumlichkeit. Die Kombination von im Farbkreis benachbarten Farben strahlt Ruhe und Harmonie aus und kann durch eine einzelne Pflanze in einer Komplementärfarbe ein Spannungselement erhalten (etwa orangefarbener Kalifornischer Mohn in einem blau-lila Ensemble von Iris, Lupinen und Ziersalbei). Jedes Jahr lässt sich auf der berühmten Gartenausstellung »Chelsea Flower Show« in London studieren, wie kunstvoll dort Gärtner mit derlei Wissen umgehen.

Ton-in-Ton-Gestaltungen werden als elegant empfunden, starke Kontraste oft als wenig vorteilhaft. Bei vielen ist Gelb im Garten verpönt, besonders Gelb-Rot-Kombinationen. Zu unelegant! Aber drückt derlei nicht Sonne und Frohsinn aus? Es kommt einfach sehr auf das Drumherum an. Und auf das individuelle Farbempfinden des Gartenbesitzers. Unter dieser Perspektive sind feste Regeln für Farbkombinationen wohl relativ.

Zum Thema Farbe als Lektüre empfohlen: Gertrude Jekyll: Colour in the Flower Garden, Faksimile der Erstausgabe von 1908, Elibron Classics 2010; Johann Wolfgang Goethe: Zur Farbenlehre. Verlag Books on Demand, 2016; Johannes Itten: Die Kunst der Farbe. Christophorus Verlag, 8. Auflage, 2021

# 6 Harmonie der Formen

*Schmal und hoch neben kugelrund*

Die Vielfalt der Natur zu nützen – das ist das Ziel für den ganzen Garten und besonders für die blühenden Beete. Nicht nur durch die Farben, auch durch die Formen und die Höhe der Pflanzen bekommt jede Fläche Struktur. Wenn alles gleichförmig und ungefähr gleich groß nebeneinander steht, werden Gestaltungschancen vergeben. Nicht zu vergessen: Es soll nicht alles gleichzeitig blühen und danach die große Ödnis drohen. Vernetztes Denken ist also angesagt.

Kräftige Strukturen von Stauden neben zarten im Wind wehenden Blüten, vorne Niedriges, hinten die hohen Pflanzen, schmale Blütenkerzen neben blühenden Kugeln. So kommt Abwechslung ins Beet. Ein paar Beispiele gefällig?

Die Steppenkerzen (*Eremurus*) ragen im Sommer in den Himmel, ganz unterschiedlich hoch, je nach Sorte; *Eremurus robustus* bis zu drei Meter, allein die Blütenstände können etwa 80 Zentimeter lang werden. *E.* x *isabellinus* ›Ruiters‹, eine Hybrid-Form in etlichen Farbvarianten, begnügt sich mit maximal eineinhalb Meter Höhe, ebenso die weiße Steppenkerze *E. himalaicus*. Imposant sind sie zweifellos alle.

Wer kleinere, aber intensiv purpurfarbene Blütenkerzen bevorzugt, freut sich über den Blutweiderich *Lythrum salicaria*, eine bis zu etwa einen Meter hohe Wildstaude, die feuchte Füße mag und deshalb auch immer wieder an Bachrändern zu finden ist. Im Beet macht sich der Blutweiderich von Juli bis September besonders gut neben einer remontierenden (mehrfach blühenden) Rose.

Wie schön heben sich im bunten Allerlei ein paar runde Blüten ab! Zu Unrecht wenig beachtet ist der einjährige Kugelamaranth *Gomphrena globosa* ›Truffula pink‹. Er wird ungefähr 30 Zentimeter hoch und blüht unermüdlich bis in den Herbst. Hocherhobenen Hauptes steht die Kugeldistel *Echinops ritro* auf kräftigen Stielen, einen guten Meter hoch. Von Juli bis September trägt sie ihre blauen kugeligen Blüten, zur Freude vieler Insekten.

Es bewährt sich, ein Konzept mit Bepflanzungsideen für ein Beet oder eine Gartenecke zu skizzieren, ehe einen beim Handelsgärtner mit vielen interessanten Pflanzen der unkoordinierte Kaufrausch befällt. Spontankäufe von Pflanzen, die man neu entdeckt, haben viel Gutes, münden aber unweigerlich in der Frage: wohin mit dem Prachtstück?

# 7 Hecken 1

*Ein Spielplatz für Freunde des Schneidens*

Ohne sie geht es nicht! Ob hoch als Sichtschutz oder niedrig wie einst in Barockgärten als Umrahmung geometrischer Beete – Hecken müssen sein. Sie können sogar zur Leidenschaft werden. Pieter van Delden etwa pflegt in seinem Garten im niederländischen Oostwold bei Groningen drei Kilometer Buchenhecken! Diese strukturieren zehn Bereiche in dem lang gestreckten, etwa 6.000 Quadratmeter großen Garten. Und zwar bestens in Form geschnitten! Zwei Wochen braucht er für eine Schnittrunde; da gehört schon ordentlich Leidenschaft dazu, denn das ist mindestens zweimal im Jahr nötig.

Seit die Buchsbaumhecken durch die Raupen des aus Ostasien eingeschleppten Zünslers und durch heftigen Befall mit verschiedenen Pilzkrankheiten keine Freude mehr machen, locken Alternativen. Es bieten sich der *Ilex crenata* ›Robustico‹ (der fast so aussieht wie der Buchs) oder der Liguster *Ligustrum vulgare* ›Atrovirens‹ an. Auch Hecken aus Eiben machen sich gut. Aber Achtung! So dankbar und schnittfreundlich die Eiben sind, so ist doch darauf zu achten, welche Sorte für eine Hecke zum Einsatz kommt. Es sollte die Gemeine Eibe (*Taxus baccata*) sein. Die hat nämlich auch waagrechte Triebe, was für die Bildung einer dichten, viereckig zu schneidenden Hecke nötig ist. Wer so eine will, muss bei der Sortenauswahl darauf achten, keine Eibe mit ausschließlich aufrechten Trieben zu erwerben, wie zum Beispiel *Taxus media* ›Hillii‹. Die ist nur für schmale, hohe Hecken praktisch.

Wer allerdings der Vogel- und Insektenwelt etwas Gutes tun und nicht unbedingt einen immergrünen Sichtschutz will, der setzt auf eine Hecke aus ganz verschiedenen Sträuchern, von Felsenbirne (*Amelanchier ovalis*) bis zur Berberitze. Unter deren vielen Arten ist die Knäuelfrucht-Berberitze (*Berberis aggregata*) eine besonders attraktive Vertreterin und weit weniger verbreitet als die Gewöhnliche Berberitze (*Berberis vulgaris*).

Pieter und Rika van Delden, Garten Tuinfleur, Nieuweweg 34, 9682 RM Oostwold, Niederlande, www.tuinfleur.nl; Besuch nach Voranmeldung möglich.

# 8 Hecken 2

*Die gar nicht tote Benjes-Konstruktion*

Wohin bloß mit dem Strauch- und Baumschnitt? Eine Antwort auf diese Frage lässt sich mit dem Wunsch nach einem interessanten Sicht- oder Windschutz verbinden und lautet: Totholz-Hecke. Das Wort klingt gar nicht attraktiv; verwenden wir also lieber die Bezeichnung Benjes-Hecke. Es waren nämlich die Brüder Hermann und Heinrich Benjes, beide deutsche Landschaftsgärtner, die in den 1980er Jahren die Idee entwickelten, wie abgeschnittene Zweige und Äste als Hecke genutzt werden können. Sie schlugen feste Holzpfähle in zwei parallelen Reihen in den Boden und schichteten dazwischen das Schnittgut auf.

Das braucht zwar eventuell mehr Platz als eine gepflanzte Hecke, spart aber Geld (wegen der nicht gekauften Pflanzen), ist pflegeleicht und bringt sowohl optischen Reiz als auch ökologischen Nutzen. Denn es entsteht neues Pflanzenleben, etwa weil Samen angeweht werden und Pflanzen in dem gestapelten Astwerk antreiben. Und außerdem siedelt sich gern allerlei Kleingetier an, von Vögeln, die hier nisten, bis zu Igel oder Kröten. Von den vielen Insekten ganz zu schweigen, für die so eine Benjes-Hecke ein Luxusetablissement darstellt. Gar keine tote Hecke also.

An die Arbeit! Die zwei Pfahlreihen sollten etwa 50 Zentimeter voneinander entfernt und die einzelnen Pfähle jeweils einander gegenüber mit ungefähr einem Meter Abstand stehen. Für drei Meter Länge sind also acht Pfähle nötig, die möglichst tief in den Boden getrieben werden müssen. Etwa fünf Zentimeter stark sollten sie schon sein, entweder aus Naturholz oder imprägniert gekaufte Stangen, letztere sind haltbarer. Dazwischen wird das Schnittmaterial aufgeschichtet, durchaus auch mit Blättern. Am besten beginnt man unten mit dicken Ästen. Jedes Jahr kann etwas dazukommen, weil das Material zusammensinkt. 15 Jahre alt kann eine Benjes-Hecke durchaus werden. Dann hat man vielleicht ohnehin Lust auf Neues.

Meiden Sie beim groben Schneiden von Gehölzen die Brutzeiten der Vögel – etwa März bis September! Wenn in Ihrem Garten nicht genug Schnittmaterial anfällt, findet sich bestimmt ein Nachbar oder ein Gärtner in der Nähe, der gern aushilft.

# 9 Der Kiesgarten

*Es grünt und blüht auch mit wenig Erde*

Nein, die Rede soll hier nicht von lieblos mit Kies zugeschütteten Vorgärten sein, ohne jedes Grün wahre Gärten des Grauens. Es geht um die reizvolle Möglichkeit, heiße und trockene Bereiche im Garten mit einem Kiesbeet zu beleben, das zum Paradies für Pflanzen wird, die Sonne und Hitze lieben.

Beth Chatto, eine der bekanntesten Gärtnerinnen Englands, gilt als »Mutter des Kiesgartens«. Sie zauberte in den 1990er Jahren in Essex, einer der trockensten Gegenden Englands, aus einem Parkplatz mit viel Schotter im Untergrund einen Garten, in dem trockenheitsresistente Pflanzen sich überaus wohlfühlen. Ihr »Gravel garden« war geboren und findet bei den Gartengestaltern durchaus Beachtung. Zumal er ohne Bewässerung auskommt.

Einen Kiesgarten à la Chatto anzulegen, ist kein Mirakel. Zunächst auf der geplanten Beetfläche die Erde mindestens einen halben Meter tief ausheben, dann den Untergrund lockern und die Vertiefung zu etwa zwei Drittel mit Schotter auffüllen. Ein Gartenvlies darüberlegen. Das soll verhindern, dass die nun darauf zu schüttende Mischung aus Splitt und 25 % Humus weggeschwemmt wird. Für die Wurzeln der nun in diese etwa 15 Zentimeter hohe Schicht gesetzten Pflanzen ist das Vlies aber durchlässig.

Nun wird gepflanzt: Tulpen, Iris, Schmucklilien, Mittelmeer-Kräuter wie Rosmarin und Lavendel, Präriestauden, Gräser, Königskerzen, Heiligenkraut, Zistrosen – einfach alles, was einem gefällt, Trockenheit liebt und zu verschiedenen Zeiten im Jahr blüht. Die Pflanzen werden in diesem Boden Frost besser überstehen. Zum Schluss oben noch eine Schicht reinen Kies als Mulch verteilen. Natürlich brauchen die frisch gesetzten Pflanzen noch Wassergaben, aber ab dem zweiten Jahr ist bei so einem Kiesbeet die Gießkanne nicht mehr gefragt. Die Pflanzen bohren ihre Wurzeln so tief in den lockeren Boden, dass sie dort ausreichend Feuchtigkeit finden.

Eine forcierte Variante des Kiesgartens für Experimentierfreudige: die Pflanzen in reinen Schotter setzen; die Wurzeln vor dem Setzen auswaschen, damit keine Erde daran bleibt. So werden sie rasch und intensiv in den Tiefen des Bodens Wasser und Nährstoffe suchen.

# 10 Kitsch

*Zwischen Kopfschütteln und Begeisterung*

Geben wir es doch zu: Im Grunde sind wir alle ein wenig anfällig für Kitsch! Sie nicht? Gut, dann fast alle! Der Duden definiert Kitsch als »geschmacklos empfundenes Produkt«. Doch über Geschmack lässt sich bekanntlich nicht streiten, die Trennlinie zwischen Kitsch, Schönheit und Kunst ist eine höchst individuelle. Kitsch bietet vertraute Ästhetik, meist als Massenware. Das macht ihn leicht erfassbar und erklärt seine Beliebtheit – das Erfolgsrezept der Gartenzwerge.

Die haben inzwischen heftige Konkurrenz durch vielerlei andere Wesen bekommen, zum Beispiel durch Drachen, Saurier und sonstige seltsame Repräsentanten einer der Phantasie entsprungenen Tierwelt. Die Sache mit den Engeln, Löwen und Amphoren aus Gussstein, die in Italien zum gärtnerischen Alltag gehören, ist weniger leicht zuzuordnen, schließlich spiegeln sie Traditionen barocker Villengärten wider und sind zum Teil gut gemacht, bis hin zur künstlichen Alterung. Bei Gartenausstellungen wie der Chelsea Flower Show in London ist ein intensiver Eindruck davon zu bekommen, was die einen begeistert und die anderen den Kopf schütteln lässt. Die Ruine einer gotischen Kapelle im Garten nachbauen? Oder vielleicht ein morsches Holzboot im Gartenteich postieren? Oder beides? Über Vögel aus Plastik wollen wir gar nicht diskutieren; Plastik sollte auch im Garten möglichst wenig zu finden sein. Wer künstliche Flugtiere mag, findet auch akzeptables Kunsthandwerk aus Blech. Diskussionen über die Ästhetik von Tieren, die aus Drahtgeflecht und Rollrasen gebaut sind, erübrigen sich spätestens dann, wenn die Figuren wegen Wassermangels vertrocknen. Und das Leben der aus Buchsbaum geschnittenen Figuren beenden vielleicht die Raupen des Zünslers.

Sagen wir so: Richtig ist für den eigenen Garten, was einem selbst Spaß macht. Aber wie immer man sich entscheidet, stets gilt in einem besonderen Garten: weniger ist mehr.

Bei Gussstein-Objekten ist auf die Frostfestigkeit zu achten. Die Hoffnung auf ehrliche Angaben des Händlers lebt. Also vielleicht doch lieber ein unverwüstlicher Granit-Steintrog, der früher einmal eine Tiertränke war.

# 11 Kunst

*Stets eine Aufwertung des Ambientes*

Halten wir es mit Paul Cézanne? »Kunst ist eine Parallele zur Natur.« Oder mit Honoré de Balzac? »Kunst ist verdichtete Natur.« Oder mit Picasso? »Wüsste ich, was Kunst ist, ich würde es für mich behalten.« Keine Sorge, hier soll keine neue Folge des nie endenden Disputs über Kunstbegriffe folgen. Jeder entscheidet einfach selbst, was für ihn persönlich das Ergebnis eines kreativen, künstlerischen Prozesses ist, mit dem der Garten aufgewertet werden soll.

Für die Barockgärten des 17. und 18. Jahrhunderts waren Skulpturen bedeutender Künstler ein unerlässlicher Bestandteil. Besonders prächtig sind zum Beispiel die mehr als 60 Figuren im Barockgarten Großsedlitz, dem »Versailles Sachsens«. Im französischen Original-Versailles sind in der mehr als 90 Hektar großen Gartenanlage außer den historischen Figuren auch immer wieder Arbeiten berühmter zeitgenössischer Künstler ausgestellt, die im historischen Zusammenhang der diversen Gartenräume eine überraschende Atmosphäre schaffen und neue Schwerpunkte setzen können.

Wer sich derlei für das eigene Ambiente zum Vorbild nehmen mag, der sucht Kontakt mit zeitgenössischen Künstlern und findet heraus, ob er deren Schaffen gern bei sich im Garten hätte. Es müssen gar nicht die ganz berühmten sein; überall finden sich qualitätsvolle Repräsentanten der bildenden Kunst, deren Werke für einen selbst aussagekräftig, ansprechend und auch erschwinglich sind. Spaziergänge auf Kunstmessen und Besuche in Galerien sind da ungemein bereichernd und erkenntnisreich, auch bezüglich der eigenen Kunstrezeption.

Der Optimalfall: Der Künstler kennt den Garten, in dem sein Werk stehen soll. Was kann spannende Kontraste setzen oder in Form und Farbe die Harmonie der umgebenden Natur aufnehmen oder widerspiegeln – das gilt es herauszufinden. Ein interessanter Prozess, der viel über die Persönlichkeit des Gartenbesitzers aussagt. Nur Mut!

Bruno Gironcoli-Skulptur im Garten der Galerie Walker, Schloss Ebenau, Weizelsdorf 1, 9162 Feistritz im Rosental, Österreich, www.galerie-walker.at; Barockgarten Großsedlitz, Parkstraße 85, 01809 Heidenau, Deutschland, www.barockgarten-grosssedlitz.de; Schloss und Garten Versailles, Place d'Armes, 78000 Versailles, Frankreich, https://en.chateauversailles.fr.

# 12 Lauben und Gänge

*Wandeln, ruhen, denken*

Mindestens eine Laube muss sein. Solch halboffene Räume im Garten – überwachsen von Schatten spendendem, reich blühendem, möglichst duftendem Rankwerk – sind Orte der Ruhe, der Kreativität. Berühmt ist die Gartenlaube des Malers Franz Marc im oberbayerischen Sindelsdorf, wo ihm 1911 gemeinsam mit Wassily Kandinsky und Gabriele Münter die Idee zur Gründung der Künstlergruppe »Der blaue Reiter« kam. Im Mittelalter dienten überwachsene Gänge und Lauben genauso den Ritualen höfischer Liebesbezeugungen wie später im Renaissance- und Barockgarten. Romantik pur im Verborgenen. Warum nicht ein bisschen davon in unsere Zeit übersetzen? Nicht nur für Künstler, auch für uns Normalbürger kann eine Laube ein Ort der Reflexion sein, zum Beispiel über die Gartenplanung. Was steht an zu tun? Was signalisiert mir der Garten? Vielleicht bräuchte es einen Gang, der den Weg zur Laube noch attraktiver macht?

In englischen Gärten sind hervorragende Beispiele zu finden. Zu den eindrucksvollsten gehört der Laubengang in den West Dean Gardens in Chichester. 100 Meter ist er lang, entworfen 1911 vom Architekten Harold Peto. Verschiedenste Arten von Blauregen (*Wisteria*) – auch duftende – ranken sich über die gemauerten Pfeiler und die hölzernen Querbalken. Um eine Glyzinie, wie diese Kletterpflanze auch genannt wird, zu überreden, so prächtig zu werden wie hier, braucht es viele Jahre. Aber im Prinzip wächst die Pflanze rasch, sowohl der am häufigsten gepflanzte Chinesische Blauregen (*Wisteria sinensis*) als auch der Japanische Blauregen (*W. floribunda* var. *macrobotrys*), dessen Blütenrispen bis zu einem Meter lang werden.

Ganz wichtig beim Bau einer Laube: Die Stützen und Querstreben müssen wirklich stabil sein, denn die Konstruktion soll auch stürmischem Wetter standhalten, und alle Kletterpflanzen, klarerweise auch Rosen und Clematis, entwickeln mit der Zeit ein ordentliches Gewicht.

West Dean Gardens, West Dean, Chichester, West Sussex, PO18 0QZ, Großbritannien, www.westdean.org.uk/gardens.

# 13 Lichtspiele

*Die Magie des Hellen im Dunkel*

»Light is what we see.« Licht ist, was wir sehen. Das ist der Leitsatz der österreichischen Künstlerin Brigitte Kowanz bei ihren Lichtobjekten, zu sehen in vielen internationalen Ausstellungen, auch auf der Biennale von Venedig. Natürlich wollen wir so viel wie möglich sehen, auch im Garten. Wenn also das Tageslicht der Ergänzung bedarf, dann ist es Zeit, zu überlegen: Kerze, Laterne, Solar-Lampe, Scheinwerfer oder Lichtinstallation?

Die Lichtfrage ist Teil der Philosophie des Gartens. Ein Bauerngarten mit kalter LED-Beleuchtung? Unmöglich! Und: Mit eindimensionalem Denken kommt man in Sachen Gartenlicht nicht weit. Sortieren wir die Qual der Wahl: Soll die Illumination funktionell oder rein ästhetisch sein? Licht für einen Weg oder einen Sitzplatz ist nun einmal etwas anderes, als einen Baum, eine Skulptur auch abends sichtbar zu machen oder magische Stimmung im nächtlichen Ambiente zu erzeugen.

Für die Romantiker unter uns sind Kerzen (zum Beispiel in Terracotta-Laternen) und Fackeln nicht zu ersetzen. Die abendliche Brise soll das Lichtarrangement allerdings nicht auspusten; also vielleicht doch lieber Kerzen in verglasten Laternen? Kleine, mit Solarpaneelen ausgestattete Beleuchtungskörper sind zwar eventuell praktisch, aber meist eher lichtschwach. Von der Gartentür bis zum Hauseingang? Vielleicht. Sonst haben sie aber meist wenig Reiz.

Da wäre dann noch die Sache mit den Spiegeln. Lichtreflexe vervielfachen sich, das Oben wird zum Unten, die dunkelste Ecke bekommt Tiefe – was Fotografen an Spiegelungen fasziniert, lässt sich im Garten effektvoll nützen. Etwa mit einem Spiegelglas, das im Haus ausgedient hat. Die Bruchgefahr ist allerdings im Freien ein besonderes Risiko. Tiere wissen ja nicht, dass ein zerbrochener Spiegel sieben Jahre Unglück bedeutet. Aber es gibt Alternativen in Form von bruchsicheren Spiegeln aus Acryl oder auch Folienspiegel.

Lichtverschmutzung, also das Stören des natürlichen Tag-Nacht-Rhythmus durch künstliche Lichtquellen, kann auch im Garten ein Thema sein. Steht zum Beispiel ein Baum nahe an einer starken Lichtquelle, welche die ganze Nacht leuchtet, kann ihn das empfindlicher machen, zum Beispiel gegenüber Frost.

# 14 Mauern

*Es muss nicht immer Ziegel sein*

Zugegeben: Eine aus alten Ziegeln gebaute Mauer ziert jeden Garten. Auch eine Trockenmauer in der Art, wie in Weinbaugebieten am Rhein genauso wie an der Donau die Terrassen für die Reben gehalten werden, hat einen großen Reiz. Und überdies hohen ökologischen Wert, denn in den Fugen finden Tiere Unterschlupf und es siedelt sich eine bunte Pflanzenwelt an. Natursteine der jeweiligen Gegend bieten sich für so eine Trockenmauer an, auch flache Bruchsteine vom nächstgelegenen Steinmetz lassen sich verwenden, sogar Waschbetonplatten, die ihrer 1960er-Jahre-Optik angenehm beraubt werden, wenn sie mit der Unterseite nach oben geschichtet werden.

Viel origineller ist es allerdings, ein Mäuerchen aus alten Tageszeitungen zu bauen. Da heißt es erst einmal sammeln: die selbst gelesenen Blätter, die der Nachbarn, vielleicht die Altbestände einer Redaktion in der Gegend. Dann einen geraden Untergrund schaffen, wo das Mäuerchen stehen und vielleicht einen kleinen Hügel stützen soll. Und los geht's! Gleich groß gefaltet müssen die Zeitungen sein, ehe man sie Schicht für Schicht und überlappend wie bei einer Ziegelmauer aufeinanderlegt. Nach jeder Schicht muss fest gewässert werden, damit die Blätter gut miteinander verkleben. Beim Trocknen wird das Papier dann hart. Präzision und Geduld sind gefragt, bis die gewünschte Höhe erreicht wird.

Die Lebensdauer solch eines Gartenmäuerchens ist erstaunlich lang, ein paar Jahre gewiss. Denn es verwittert nur außen, im Inneren wird das Papier konserviert, weil hier Sauerstoff, Stickstoff und Licht fehlen. Im Lauf der Zeit wachsen Pflanzen über und rund um die Konstruktion, das Weiß der Zeitungen passt sich dem Grün und Braun der Umgebung an. Es kann sein, dass kleines Getier die Mauer entdeckt und befindet, Papierfetzchen würden sich ausgezeichnet zum Nestbau eignen – ein wirklich charmanter Teil des Alterungsprozesses einer Zeitungsmauer.

Tolle Zeitungsmauern zu bestaunen gibt es im Garten von Ludwig Schade im norddeutschen Emsland: Mühlenberg 16, 26871 Papenburg-Herbrum, www.schades-garten.de. Oder in Österreich im Garten der Gartenplanerin Susanne Pammer unweit von Graz: Auersbach 112, 8330 Feldbach, www.susisgarten.at.

# 15 Namen verstehen

*Kleiner Spaziergang im Pflanzen-Latein*

Verwirrung schafft Fehler! Was hilft? Sich vor Gartenplanung und Pflanzenkauf ein wenig mit der Systematik botanischer Pflanzennamen zu befassen!

Nehmen wir zum Beispiel den Lavendel. Binär ist die botanische Nomenklatur, das heißt: Zwei lateinische Begriffe beschreiben die Pflanze, wobei ersterer die Gattung bezeichnet. So heißt der Echte Lavendel *Lavandula angustifolia* und der Speik-Lavendel *Lavandula latifolia*. Bei Mehrfacherwähnung im Text reicht es *L. angustifolia* zu schreiben. Ein drittes Wort im Namen informiert meist über die Sorte (Arten sind von Natur aus entstanden, Sorten werden vom Menschen gezüchtet). Also etwa *Lavandula angustifolia* ›Hidcote blue‹, eine in England gezüchtete Sorte mit ganz dunkelblauen Blüten.

Präzise Gärtner und Texte halten sich an die vorgegebene Schreibweise: Der Name immer in kursiver Schrift, der Gattungsname dabei immer mit großem Anfangsbuchstaben, das Art-Epitheton mit kleinem. Die Sorte wird in Normalschrift großgeschrieben und unter einfache Anführungszeichen gesetzt. So heißt etwa der niedrigwachsende weiße Lavendel *Lavandula angustifolia* ›Nana Alba‹. Nun sind aber Gärtner und Texte oft nicht präzise. Dann steht beispielsweise nur zu lesen: Lavendel Edelweiß. Womit wir bei der Sache mit dem x wären. Es signalisiert die Kreuzung zweier verwandter Arten. *Lavandula* x *intermedia* steht zum Beispiel für den Lavandin, das x markiert ihn als eine (auf natürlichem Weg entstandene) Hybridart aus *Lavandula angustifolia* und *Lavandula latifolia*. Der Lavendel Edelweiß entpuppt sich bei genauer Betrachtung als *Lavandula* x *intermedia* ›Edelweiß‹. Er ist steril und nur durch Stecklinge zu vermehren. Ein wichtiger Unterschied.

Kompliziert? Aber nein! Doch damit es nicht zu einfach wird: Nach mancher DNA-Analyse ordnen Forscher Verwandtschaften neu. Die Pflanze bekommt einen neuen Namen. Aber der alte wird oft weiterverwendet.

Wer sich in das Thema vertiefen will, widmet sich dem Internationalen Code der Nomenklatur für Algen, Pilze und Pflanzen, der heute für alle Botaniker verpflichtend ist. https://de.wikipedia.org/wiki/Internationaler_Code_der_Nomenklatur_für_Algen,_Pilze_und_Pflanzen

# 16 Ornament und Geometrie

*Freudvolles Jonglieren mit Mustern*

»Ornament ist vergeudete Arbeit, vergeudetes Material.« So formulierte der österreichische Architekt Adolf Loos 1908 seine Kritik als Reaktion auf die überquellende Ornamentik historistischer Bauten. Seine Sache war die kühle Rationalität der Geometrie. Man mag diese Ansicht teilen oder nicht, jedenfalls waren sowohl das Ornament als auch die Geometrie in der Renaissance und noch mehr im Barock aus der Gartengestaltung nicht wegzudenken. Die rekonstruierten Gärten des Château de Villandry in Frankreich mögen als Beispiel dienen, wie ornamentale und geometrische Pracht zum Einsatz kamen – als Ausdruck eines ausgeprägten Selbstbewusstseins.

In kleinere Dimensionen übersetzt kann (scheinbar) spielerisches Gestalten mit diesen Formelementen auch im modernen Garten seinen Platz finden. Wer Spaß am Ornament hat, dem genügen vielleicht als Mosaik aufgelegte Flusskieselsteine. Runde, ineinandergreifende Konturen geben lebendige Akzente. Selbst im Gemüsegarten kann man sich diesbezüglich austoben. Salatsorten mit hellen und dunklen Blättern etwa müssen nicht unbedingt in verschiedenen Beeten wachsen, sie können auch schachbrettartig gepflanzt werden. Phantasie und Freude an Ornament und Muster sind keine Grenzen gesetzt. Ins Dreidimensionale kann derlei mit Gruppen verschieden hoher, kugelig geschnittener Büsche weitergezogen werden.

Die Entscheidung für einen streng formalen Garten ist dagegen etwas für ganz Puristische – oft eine logische Ergänzung zur modernen Hausarchitektur. Eine klare und kantige Linienführung bestimmt Weg und Stufen, Rasen und Beet, Wasserlauf und Hecke. Man muss sich aber bewusst sein, dass damit auf Spielerisches, vielleicht Romantisches verzichtet wird. Als Gegenstück zur harmonischen Symmetrie wird Asymmetrie in der bildenden Kunst als dynamisches Element im Bildaufbau eingesetzt. Wie spannend ist es, wenn im Garten beides zusammenfindet!

Adolf Loos: Ornament und Verbrechen, ausgewählte Schriften. Hrsg. Adolf Opel, Prachner Wien 2000; Château de Villandry, 3 rue Principale, 37510 Villandry, Frankreich. www.chateauvillandry.fr

# 17 Rundherum

*Exquisite Varianten für Einfassungen*

Es heißt, ein Garten will umarmt werden. Beziehen wir das nun nicht auf den Gartenzaun, sondern darauf, welche Art der Umarmung Beete mögen. Zünsler und Pilz haben den Buchsbaum, der vom Barock- bis zum Bauerngarten zum Einsatz kam, aus der Mode gebracht. Eiben sind zwar eine Alternative, aber eine giftige, was in Gärten mit Kindern und Haustieren kaum in Frage kommt. Wie wäre es aber mit *Alchemilla vulgaris?* Der deutsche Name Gewöhnlicher Frauenmantel soll sich darauf beziehen, dass die gefalteten Blätter dem Mantel der Madonna in mittelalterlichen Darstellungen ähneln. Nicht nur bei Regen hält die Pflanze hübsche Wassertropfen auf ihren Blättern: Wenn sie mehr Wasser zur Verfügung hat, als sie braucht, dann treten aus Öffnungen an den Blättern kleine Tropfen aus, die wie kleine Perlen nicht nur an den Rändern sitzen. Viele Frauenmantel-Exemplare nebeneinander gepflanzt und schon ist eine Einfassung geschaffen, die sich sehr gut macht, besonders wenn die gelb-grünen Blütenstände erscheinen.

Daneben kann der Schwarze Schlangenbart (*Ophiopogon planiscapus* ›Nigrescens‹) zum Einsatz kommen. Er sieht aus wie ein Gras, ist aber keines, sondern gehört zu den Spargelgewächsen (*Asparagaceae*). Ganz bizarr wirkt es, wenn sich im Sommer aus den schwarzen, maximal 20 Zentimeter hohen Blattbüscheln rosa Blüten erheben, aus denen später schwarze, kugelige Früchte werden. Wer es doch lieber grün, nämlich schön dunkelgrün hat, wählt *Ophiopogon japonicus*. Dann hat man etwas mit italienischen Villengärten gemein, dort wird dieser dunkelgrüne Japanische Schlangenbart nämlich gern als Wegbegrenzung eingesetzt. Blüten bildet diese Art aber selten.

Exquisit als Einfassung wirkt auch die Glöckchentraube (*Liriope muscari*). Wie grün-weiß panaschierte Grasbüschel stehen die Blätter in Horsten. Ihre zarten Blütentrauben leuchten im Spätsommer und im Herbst auffallend blau.

Große Kieselsteine und/oder Schwemmholz aus dem nächstgelegenen Flussbett machen sich übrigens wunderbar neben den hier genannten Pflanzen. Das gibt einer Einfassung noch zusätzlich einen besonderen Touch.

# 18 Sitzplätze

*Jede Menge Wohlfühlorte*

Ein wenig Steinzeitmensch steckt noch in uns. In Männern mehr als in Frauen. Denn sie wählen besonders gern Sitzplätze mit dem Rücken zur Wand. Es könnte ja ein Feind nahen. Also sind auch im Garten Bänke und Stühle beliebt, die vor einer Mauer stehen. Oder vor einer Hecke – als könnte der Feind nicht auch durch die Hecke zuschlagen. Aber im eigenen Garten ist dies unwahrscheinlich. Psychologen haben herausgefunden: je bekannter das Ambiente, desto schwächer der Rücken-zur-Wand-Wunsch. Wer sollte aus der eigenen Hecke springen, außer vielleicht ein lästiges Insekt? Deshalb: Die Wahl des Sitzplatzes hat andere Kriterien: Wohlfühlen, Schatten, Vögel beobachten, Nähe zu Küche und Kühlschrank, Nähe zu Beeten wegen der Arbeitspausen. Jeder muss seine Präferenzen definieren. Kein Zweifel: Man kann nie genug Sitzplätze im Garten haben.

Das Auswählen der Sitzmöbel ist mit der Gefahr behaftet, nur nach der Optik und zu wenig nach der Bequemlichkeit zu entscheiden. Klarerweise passt eine Steinbank gut zu einer Mauer. Aber wo der Gartenfreund ein Buch zu lesen gedenkt, muss eventuell anders gedacht werden. Eine Teakholzbank, vielleicht in der Form der berühmten Lutyens-Bank mit der geschwungenen Lehne? Der berühmte englische Architekt Sir Edwin Lutyens hat sie Anfang des 20. Jahrhunderts für Gärten der nicht minder renommierten Gartengestalterin Gertrude Jekyll entworfen. Aus dem Gartenmöbelangebot ist sie bis heute nicht wegzudenken und wird mit ein paar Polstern zur Kuschelecke. Bei den wunderschönen, alten Gusseisen-Stühlen vom Flohmarkt ist das schon schwieriger. Aber die können ja die Kaffee-Ecke verschönern. Unser Gesichtsfeld umfasst etwa 180 Grad, also nur die Hälfte des uns umgebenden Raums. Wie praktisch sind da runde Bänke, die einen Baum umkreisen. Man kann zum Perspektivwechsel einfach rundherum rutschen. Auch ohne Furcht vor Feinden.

Auf der Bank im Grünen die berühmte Novelle des schottischen Schriftstellers Robert Louis Stevenson »Der seltsame Fall von Dr. Jekyll und Mr. Hide« aus dem Jahr 1886 zu lesen, das birgt eine Verbindung zum Garten: Stevenson entlehnte nämlich für sein Buch den Namen Jekyll von Walter Jekyll, dem jüngeren Bruder der Gärtnerin Gertrude Jekyll.

# 19 Das Staudenbeet

*Eine ganz individuelle »Spielwiese«*

Jeder Garten spiegelt seinen Besitzer wider. Das ist immer aufs Neue beglückend zu erfahren. Besonders sind es Staudenbeete, an denen derlei zu erkennen ist.

Wer je »The Long Mixed Border«, das lange gemischte Beet, von Great Dixter (East Sussex), dem englischen Mekka aller Gartenfreunde, bestaunt hat, hat den eigenen Ehrgeiz angestachelt, ähnlich Eindrucksvolles zu schaffen. Aber eben doch individuell, nach dem eigenen Geschmack. Christopher Lloyd (1921–2006), eine der kreativsten Gartenpersönlichkeiten Englands, hat sein ganzes Leben diesem Garten gewidmet, und nun führt sein Schüler Fergus Garrett als Chefgärtner von Great Dixter diese Ambitionen fort. Üppig bepflanzt blüht das lange Beet das ganze Jahr. Ganz bunt. »Wir spielen mit den Pflanzen«, sagt Garrett nicht ohne Stolz. Tun wir das doch auch!

Klarerweise braucht solch ein Spielen gewisse Regeln. Niedriges nach vorn, Hohes nach hinten empfiehlt sich beim Bepflanzen eines Staudenbeetes, natürlich den Bedingungen des Standortes entsprechend und mit Rücksicht auf das Ziel, dass es rund ums Jahr und nicht nur zu einer einzigen Jahreszeit blühen soll. Die Stauden, also mehrjährige nicht verholzende winterharte Gewächse, bringen kraftvolle Strukturen – eigenwillige Charaktere, die in Dialog mit dem Gärtner treten.

Ein Staudenbeet mit Pauken und Trompeten, soll heißen mit runden und schmalen Blättern: Solche Sprachbilder liebte der deutsche »Staudenpapst« Karl Foerster (1874–1970). Mit seinen Züchtungen – vor allem von Rittersporn, Phlox und Sonnenbraut, insgesamt etwa 370 Sorten – hat er die Wahlmöglichkeiten für das ganz persönliche Staudenbeet bereichert. Also: erst eigene Vorlieben erforschen und dann nichts wie hin in eine spezialisierte Staudengärtnerei. Natürlich kommt jeder mit viel mehr Pflanzen nach Hause als geplant, aber es werden bestimmt Raritäten dabei sein, an die zuvor keiner dachte.

Sowohl in Great Dixter als auch bei Foerster-Stauden (dem Nachfolgebetrieb der von Karl Foerster gegründeten Gärtnerei) werden immer wieder Gartenkurse angeboten, bei denen die Kunst des Staudenbeet-Anlegens erlernt oder verfeinert werden kann. www.greatdixter.co.uk, www.foerster-stauden.de

# 20 Die Stumpery

*Hölzerne Fundstücke malerisch drapiert*

Stumpery – so nennen englische Gartengestalter Anordnungen von totem Holzmaterial wie Stämmen, Wurzelstöcken, Schwemm- oder Treibholz (Stump ist im Englischen der Stumpf). Es ist quasi das mit Holz gestaltete Gegenstück zum Steingarten. Derlei gab es schon im viktorianischen England Mitte des 19. Jahrhunderts. Prince Charles ließ in seinem privaten Garten in Highgrove vor einigen Jahren ebenfalls eine Stumpery anlegen.

An einem Fluss zu spazieren und Schwemmholz zu sammeln, ist an sich schon eine angenehme Sache. Dort finden sich immer besondere Formen, die einem Gartenbereich die ganz spezielle optische Note verleihen können. Klar: Richtige Baumstümpfe kann man nicht selbst wegtragen. Aber es findet sich vielleicht ein Landwirt, der mit einem Traktor behilflich ist. Die Mühe ist es sicher wert.

Dieses Holz schafft außer dem ästhetischen Genuss auch vorzüglichen Lebensraum für Pflanzen. In einer warmen Sonnenecke wird so eine Stumpery ganz leicht zur Steingarten-Alternative. Hauswurz (*Sempervivum)* in verschiedenen Farben und Formen sowie andere Sukkulenten (möglichst winterharte) lassen sich auf malerischen Wurzelstöcken mit etwas sandiger Erde ebenso gut ansiedeln wie zwischen Steinen. Kräuter wie Thymian mögen dieses Ambiente auch gern. Daneben vielleicht eine der vielen dekorativen Wolfsmilch-Arten (*Euphorbia*) setzen und ein paar Gräser – schon hat der Garten ein weiteres Highlight. Im Schattenbereich sind Baumstümpfe nicht minder gut zur Gestaltung einsetzbar. Darauf kann man Moose sowie rundherum verschiedene Farne pflanzen; Echten Wurmfarn (*Dryopteris filix-mas*) zum Beispiel, der sich auch weitab von der Sonne wohlfühlt und ausbreitet. Auch die Tierwelt liebt Arrangements aus Totholz; Vögel genauso wie Kleintiere, von der Eidechse bis zum Eichhörnchen. Außerdem: Das Holz baut sich langsam ab und reichert so den Boden mit nützlichen Stoffen an.

In Ermangelung naher Flussläufe oder Wälder sind Wurzelstöcke auch bei Betrieben zu finden, die als Landschaftsgestalter arbeiten. Die müssen oft Bäume entfernen und haben dann deren Teile zur Verfügung.

# 21 Terracotta-Träume

*Ein Muss für den Garten »all'italiana«*

Eine von Zuneigung getragene Behauptung: Kein Garten kommt ohne Töpfe und Gestaltungselemente aus Terracotta aus, jedenfalls kein Garten, dessen Besitzer nicht irgendwann der Faszination italienischer Renaissancegärten erlegen ist. In dem kleinen Ort Impruneta bei Florenz wird seit dem 11. Jahrhundert das Kunsthandwerk gepflegt, winterfeste Terracotta-Skulpturen und -Gefäße zu erzeugen. Dies wird durch die spezielle Zusammensetzung der dort vorkommenden Tonerden ermöglicht, die viele Mineralstoffe wie Eisen-, Aluminium- und Kupferoxide enthalten. Diese verschmelzen beim Brennen mit besonders hohen Temperaturen von etwa 1.000 Grad Celsius. Das macht den »Cotto d'Impruneta« wasserfest und frostbeständig. Ob in den klassischen Formen oder in schlichtem, modernem Design – die Töpfe und Vasen sind Prachtstücke. Wenngleich nicht ganz billige, schließlich wird ein echtes Impruneta-Produkt in Handarbeit erzeugt.

Wichtig ist jedenfalls, dass auch beim Impruneta-Topf für das Wohlbefinden der Pflanzen ein ungehinderter Wasserablauf möglich ist. Ein Anfrieren am Boden kann trotz aller Festigkeit zu Spannungen und einem Zerspringen führen. Wenn das doch einmal geschehen ist, sind die Teile meist groß und lassen sich mit einem Zwei-Phasen-Kleber wieder zusammenfügen. Schon ist die Weiterverwendung sichergestellt!

Herkömmliche Tontöpfe bleiben selbstredend wichtige Elemente, die auch zu gestalterischen Aktivitäten anregen. Etwa eine Eisenstange in den Boden zu rammen und dann Türme zu bauen aus Töpfen, die dank ihrer Abflusslöcher übereinander gereiht werden können, abwechselnd Oberkante auf Oberkante und Boden auf Boden. Im obersten Topf darf dann eine Pflanze thronen. Einen wichtigen Nutzen im Gemüsegarten haben kleine Töpfe, die auf Stützen – etwa bei Tomaten – gestülpt werden. Sie verhindern, dass sich der unachtsame Gärtner an den Stangen verletzt. Und sie sehen auch lustig aus.

Kunststoff-Töpfe in der Optik von Terracotta-Töpfen – eine Alternative? Plastik hat weniger Gewicht. Aber: Luft- und Feuchtigkeitsaustausch – wie beim Tontopf – fallen weg. Das hat Vorteile, doch auch Nachteile: In der Sommersonne droht ein Überhitzen der Erde und damit der Wurzeln, in der kalten Saison sind Wasserstau und Wurzelfäule gefährlich.

# 22 Verschlungene Wege

*Ein Labyrinth ist kein Irrgarten*

»Im Labyrinth verliert man sich nicht, im Labyrinth findet man sich.« So formulierte der Stuttgarter Kunstwissenschaftler und Labyrinthforscher Hermann Kern. Denn Irrgarten und Labyrinth sind nicht dasselbe, auch wenn im allgemeinen Sprachgebrauch nicht zwischen den beiden Begriffen unterschieden wird. Im Irrgarten ist am Weg zum Zielpunkt zwischen vielen Möglichkeiten zu entscheiden, Irrwege inklusive. Beim Labyrinth dagegen führt ein einziger Weg vielfach geschlungen zum Zentrum; verirren ist nicht möglich, wohl aber die Gedanken fließen zu lassen.

Als Gestaltungselement sind Labyrinthe und Irrgärten seit der Antike bekannt. Christliche Labyrinthe wie etwa das riesige am Boden der Kathedrale von Chartres in Frankreich sind Wege der Meditation. In der Renaissance und erst recht im Barock wurden die höfischen Gartenlabyrinthe aus Hecken – den Irrgärten gleich – zu Systemen aus Abzweigungen und Sackgassen; das Amüsieren trat an die Stelle der Kontemplation. Labyrinth und Irrgarten zugleich will die 2011 geschaffene Anlage auf der Insel San Giorgio Maggiore in Venedig sein, als Spiegel der Gedankenwelt des argentinischen Dichters Jorge Luis Borges.

Für ein eigenes Labyrinth muss man nicht in den Dimensionen barocker Gartenanlagen denken. Kleine Formen lassen sich aus Steinen legen, wie in England in einen Rasen stechen oder mit Lavendel pflanzen; Varianten gibt es viele. Eine extravagante lässt sich von Contessa Benedetta Piccolomini abschauen, die im Garten des Schlosses Cordovado im italienischen Friaul ein Labyrinth aus Hunderten Damaszener-Rosen anlegen ließ. »Im Duft soll man sich verlieren«, sagt die Contessa. Ob groß oder klein: Beim klassischen Labyrinth führt der Weg in Kreisen zur Mitte. Wer es komplizierter mag, sucht historische Entwürfe als Vorbild oder wendet sich an Profis. Die gibt es auch für das Anlegen von Labyrinthen oder Irrgärten.

Rosenlabyrinth, Castello di Cordovado, Via Castello 3, 33075 Cordovado (PD), Italien, www.castellodicordovado.com, Besuch nach Vereinbarung möglich; Borges-Labyrinth, Isola di San Giorgio Maggiore, hinter dem alten Kloster, 30133 Venedig, Italien; am besten zu sehen vom Campanile der Kirche San Giorgio Maggiore aus oder mit einer Führung durch die Fondazione Cini, www.cini.it.

# 23 Wiese oder Rasen

*Mehr als eine Geschmacksfrage*

Welch grandiose Wiesen-Bilder hat uns der impressionistische Maler Claude Monet (1840–1926) geschenkt! Da ist fast der Duft der Blüten zu riechen, die Brise zu spüren, die durch die Gräser streicht, die lebendige Atmosphäre zu spüren, die hier eingefangen wurde. Viele träumen von der blühenden Wiese im eigenen Garten, andere aber vom englischen Rasen. Jeder darf seine Träume pflegen. Doch jeder sollte sich bewusst sein, was welches Grün bedeutet.

Stellen wir Wiese und Rasen direkt gegenüber: Ein Rasen ist elegant, aber wie eine grüne Wüste, eine simple Vegetationsdecke aus Gras, verbunden durch Wurzeln. Rasen ist also eine sehr artenarme Fläche. Für Bienen und andere Insekten bietet er nichts. In einer Wiese herrscht dagegen das pralle Leben. Viele verschiedene Pflanzen – Gräser, Kräuter, Blumen – leben nebeneinander. Diese Gemeinschaft hat Insekten, Raupen, Larven als begeisterte Mitglieder. Eine wertvolle Artenvielfalt, die zu erhalten so wichtig ist. Wer das will, mäht nur zweimal im Jahr. Wenigstens in einem Teil des Gartens. Oder er mäht immer nur einen Teil der Wiese, vielleicht malerische, kurvige Wege, von denen aus die Vielfalt gut zu bewundern ist. Das Mähgut kann man liegen lassen (es gibt dem Boden Nährstoffe zurück) oder als Mulch unter Sträuchern verwenden.

Einen Zierrasen gleichmäßig und gepflegt zu erhalten ist arbeitsaufwendig: unerwünschte Pflanzen bekämpfen, mit wöchentlich etwa 20 Liter pro Quadratmeter wässern, mindestens einmal pro Woche mähen, zwei bis drei Mal im Jahr düngen, im Frühjahr primär mit Stickstoff für das Wachstum, im Frühherbst mit Kalium zur Stärkung des Zellgewebes.

Und die Wiese? Kein Düngen, kein Spritzen, kein Wässern! Einfach der Vielfalt beim Wachsen und Gedeihen zusehen! Der Kompromiss: Rasen und Wiese, in unterschiedlichen Teilen des Gartens – klug angelegt auch optisch eine interessante Gestaltung!

Wer einen Blühstreifen (nicht verwechseln mit einer Wiese!) anlegen will, sollte beachten, dass der Handel einjährige (Anfang Mai auszusäen) und mehrjährige Blütenmischungen (im Herbst auszusäen) anbietet. Wichtig: vor der Aussaat (am besten vor einer Regenperiode) jeden anderen Bewuchs entfernen und die lockere Erde mit Sand vermischen.

# 24 Zäune

*Selbstgemachtes macht was her*

Es kann zur lieben Gewohnheit werden, beim winterlichen Schnitt von Bäumen und Sträuchern lange, gerade Äste – dicke wie dünne – gleich auf die Seite zu räumen. Spätestens im Frühjahr wird nämlich die Idee geboren, wie man mit einem Stück Zaun eine Gartenbank einrahmen oder Stauden wie Hortensien stützen könnte. Ob als Trennelement, Sichtschutz oder einfach als Dekor – reizvoll sind selbstgemachte Naturzäune in jedem Fall.

Für einen Flechtzaun werden dicke Äste als Pfähle eingesetzt und dann dünne eingeflochten. Letztere müssen wegen der nötigen Biegsamkeit entweder frisch abgeschnitten oder ein paar Stunden ins Wasser gelegt werden. Den Gestaltungsmöglichkeiten – wie Richtungswechsel dicker und dünner Enden beim Flechten, ein Freilassen von Lücken oder Äste mit verschieden getönter Rinde zu verwenden – sind keine Grenzen gesetzt. Es sieht übrigens auch hübsch aus, ein Fensterchen einzubauen, etwa mit einem aus Trieben gedrehten Kranz.

Optisch ansprechende Lösungen gelingen jedoch auch ohne das Flechten. Dazu werden im Abstand von etwa einem Meter jeweils zwei dicke Pfähle eingeschlagen. Dazwischen platziert man dekorative Äste. Wer einen Winzer kennt, der gerade einen Weingarten gerodet hat, kann sich dort Rebstöcke besorgen und sie aufeinanderlegen – ein optisch sehr interessanter Zaun! Auch lange malerische Schwemmholzstämme eignen sich gut für besondere Effekte. Wenn das Material hoch zwischen die Pfähle geschichtet ist, empfiehlt es sich, die beiden jeweils gegenüberstehenden Stützen mit starkem Draht zusammenzubinden. Sonst neigen sie sich durch den Druck des Astwerks nach außen.

Setzt man nicht nur die Pfähle, sondern auch die Äste zum Flechten in die Erde, und zwar schräg, dann entsteht nicht nur ein nettes Karomuster, sondern mit etwas Glück ein lebender Zaun. Denn oft treiben diese Äste an, wenn sie in den ersten Wochen regelmäßig gewässert werden.

Zum Flechten eignen sich besonders die geraden Wassertriebe von Obstbäumen, Weidenruten, Äste der Haselnuss oder auch Hartriegeltriebe. In wessen Garten Hanfpalmen wachsen, der verfügt mit den langen Stielen der Blätter über besonders dauerhaftes Flechtmaterial.

# 25 Die Artischocke

*Die gar nicht so heikle Delikatesse*

Keine Rede davon, dass die Artischocke wie in vergangenen Jahrhunderten nur eine Delikatesse der Reichen ist! Keine Rede davon, dass *Cynara cardunculus* nur genossen werden kann, indem man die Knospen kocht und dann die abgezupften Schuppen sowie den Boden mit Vinaigrette genießt. Mindestens so gut schmeckt sie fein blättrig geschnitten und gebraten mit Speck als Sugo zur Pasta oder auch frittiert. Roh als Salat dienen die in Italien Castraure genannten ersten Knospen einer Pflanze. Italien, Spanien und Frankreich sind inzwischen die agrarischen Hauptanbauländer. In Deutschland und Österreich rangieren Artischocken nach wie vor als Nischenprodukt, das pro Kilogramm zehn Euro kosten kann. Was stark für einen Anbauversuch im eigenen Garten spricht.

Viele Artischockensorten stehen zur Auswahl: grün oder violett, mit ovalen Knospen wie etwa bei *Cynara scolymus* ›Violetto di Sant'Erasmo‹, benannt nach der venezianischen Laguneninsel, oder mit runden Knospen wie bei ›Romanesco‹ und ›Green Globe‹. Bei der Entscheidung ist zu beachten, dass die Sorten unterschiedlich winterhart sind. Als Winterschutz genügt meist ein Vlies, aber auch ein umgestülpter Tontopf tut gute Dienste. So überstehen die robusten Sorten auch -10 °C und weniger.

Ob die Artischocken mehrjährig – meist zwei bis drei Jahre – oder einjährig gezogen werden, bestimmt gemeinsam mit der Sorte die Erntezeit. Die kann zwischen März und Mai oder September und November liegen.

Samen sollten ab März im Warmen vorgezogen werden. Gepflanzt wird im Frühjahr an einem Platz in der vollen Sonne mit nährstoffreichem Boden. Jede Pflanze braucht etwa einen Quadratmeter Platz. Wasser kann die Artischocke nie genug bekommen. Wenn trotz braven Gießens eine Pflanze plötzlich alles hängen lässt, ist »Wühlmauskontrolle« angesagt. Leicht anziehen, siehe da: Die Wurzel ist weg. Die lästigen Nager sind auch Gourmets.

Artischocken zu genießen verträgt sich nicht uneingeschränkt mit jedem Glas Wein. Das enthaltene Cynarin, verantwortlich für den leicht bitteren Geschmack und die verdauungsfördernde Wirkung, kann Weißwein süßer wirken lassen. Rotweine können wegen ihrer Gerbstoffe in Kombination mit Artischocken metallisch schmecken.

# 26 Die Brennnessel

*Superfood vom Feinsten*

»Ich mache ihm oft Kekse, in die ich Brennnesselsamen gebe.« Die Gärtnerin zwinkert in Richtung ihres Mannes. Pointierter nennt man die Samen »Wiesen-Viagra«, das müde Männer munter macht. Angeblich auch Frauen. Dass die Brennnesseln (*Urtica*) als Kaltwasserauszug oder Jauche Pflanzen stärken, ist bekannt. Aber sie sind auch für uns Menschen eine Nährstoffbombe. Deshalb sollte ihnen ein kleines Eck im Garten gehören. Sie wachsen aber nur gut auf eher feuchtem Boden.

Im Herbst werden die Samen, die voller pflanzlicher Hormone, Vitamine und Eiweiß stecken, eingesammelt. Die der weiblichen Pflanzen wohlgemerkt. Die sind an ihren hängenden Samenrispen zu erkennen; bei den männlichen stehen sie waagrecht weg. Am besten die ganze Brennnesselpflanze ernten (tunlichst mit Handschuhen, denn die Pflanze weiß ihrem Namen gerecht zu werden) und zum Trocknen aufhängen. Dann die Samen und die Blätter (der Tee wirkt entgiftend und entwässernd) abstreifen, durchsieben und die Samen weiter trocknen lassen. In Vorratsgläsern warten sie darauf, zum Beispiel in Brotteig und anderes Backwerk, in Aufstriche und ins Müsli gemischt oder einfach über einen Salat gestreut zu werden. Praktisch ist auch, Obst auf Brennnesselpflanzen zu lagern. Das steigert dessen Haltbarkeit. Verspielte Naturen können es den alten Germanen nachmachen, die schon wussten, aus Stängeln der Großen Brennnessel (*Urtica dioica*) – heute geht das auch bei der Sibirischen Hanfnessel (*U. cannabina*) – beziehungsweise deren Fasern Schnüre zu drehen. Die Produktion von Nesselgarnen und -stoffen, einst das Leinen der Armen, gibt es bis heute.

Brennnesseln sind ausbreitungsfreudig. Es ist vorteilhaft, ihre flach wachsenden Wurzeln mit einer Sperre in Zaum zu halten. Oder Spaß daran zu entwickeln, einfach welche auszureißen, also zu ernten, wenn sie den ihnen zugewiesenen Platz eigenmächtig erweitern wollen.

Was beim Berühren der Brennnessel brennt, also Hautrötungen und Schmerz auslöst, ist die Flüssigkeit, die aus den feinen Brennhaaren austritt. Diese wirkt bei der Kleinen Brennnessel (*Urtica urens*) deutlich schmerzhafter als bei ihrer großen Schwester *U. dioica*. Bei trocknenden Pflanzen lässt diese Wirkung nach etwa zwei Tagen nach.

# 27 Gurken-Geheimnisse

*Rares ist Wahres – auch für den Gaumen*

Eigenes Gemüse! Besser, gesünder, und ohne Chemie! Uralt ist diese Erkenntnis. In den 1970er Jahren propagierte der englische Farmer John Seymour (1914–2004) als »Vater« der Selbstversorgerbewegung in vielen Büchern die »self-sufficiency« und wurde zum Kultautor. Selbst Gemüse im Garten anzubauen, ist wieder zum Trend geworden. »Alte Hasen« suchen nach Raritäten. Besonders bei Organisationen, die sich dem Erhalt alten Saatgutes widmen, finden sich erstaunliche Sorten; in Österreich etwa beim Verein »Arche Noah«. Er hat Mitglieder in ganz Europa.

Am Beispiel der kürbisartigen Gewächse *Cucurbitales*, zu denen die Gurken und Melonen in der Gattung der Gurkengewächse (*Cucumis*) zählen, lässt sich gut zeigen, wie Rares den eigenen Gemüsegarten bereichern kann. »Hilfe, ich habe die Melone geschrumpft!« Man mag den Filmtitel über wundersam geschrumpfte Kinder so variieren angesichts der Mexikanischen Minigurke (*Melothria scabra)*. Die Früchte, kaum größer als Cent-Münzen, sehen aus wie winzige Wassermelonen. An dünnen Stängelchen rankt sich die Minigurke über Stützgitter, mit vielen winzigen gelben Blüten. Die ovalen kleinen Früchte sind als Snack köstlich – deutlich gesünder als Kartoffelchips. Wenn reife Exemplare zufällig am Beet liegen bleiben, ist die Wahrscheinlichkeit hoch, dass in der nächsten Saison wieder Pflanzen sprießen.

Die bekannte grüne Gurke *Cucumis sativus* kann mit einer seltenen Sorte aufwarten, der weißen *Cucumis sativus* ›Bianco Lungo‹. Sie war Anfang des 20. Jahrhunderts durchaus weit verbreitet, besonders in Italien, ist aber inzwischen eine Rarität. Sehr wohlschmeckend für Salate und eingelegt.

Nur Eingeweihte erkennen auf Anhieb die Zitronengurke (*Cucumis sativus* ›Lemon‹). Ihre Früchte sind rund und gelb, ihr Geschmack ganz leicht süßlich. Ein Hauch von Exotik im Salat! Oder man isst sie einfach wie einen Apfel.

Gemeinnütziger Verein »Arche Noah«, Gesellschaft für die Erhaltung der Kulturpflanzenvielfalt, Obere Straße 40, 3553 Schiltern, Österreich, www.arche-noah.at; Öffnungszeiten des Schaugartens Anfang Mai bis Anfang Oktober immer Sa., So. und feiertags von 10 – 17 Uhr.

# 28 Die Haferwurzel

*Zu Unrecht fast vergessen*

Es kann sein, dass man ihr an einem Wegrand begegnet – oder bei einem Gärtner, der sich auf fast vergessenes Gemüse spezialisiert hat. Die Haferwurzel (*Tragopogon porrifolius*), auch Purpur-Bocksbart genannt, fällt primär durch ihre Blüte auf, ein kleines Kunstwerk der Natur. So schön, dass man wenig Lust hat, sie auszureißen, was sich allerdings wegen ihrer Wurzeln auszahlen würde. Aber lassen wir sie wild blühen und peilen jene der Gärtner oder Biobauern an.

Die Haferwurzel ähnelt nicht nur oberirdisch der Garten-Schwarzwurzel (*Scorzonera hispanica*, die allerdings gelb blüht), unterirdisch bildet nämlich auch sie dicke weiße Wurzeln von ähnlichem Geschmack. Kein Wunder, die beiden Pflanzen sind verwandt. Interessant ist, dass die Haferwurzel fallweise »Gemüse-Auster« genannt wird, denn manchen erinnert sie am Gaumen an Austern. Schon in der Antike war die Haferwurzel wohlbekannt und noch im 19. Jahrhundert in Gärten durchaus heimisch. Dann richtete sich aber die Aufmerksamkeit immer mehr auf die ertragreichere Schwarzwurzel und die Haferwurzel geriet in Vergessenheit. Zu Unrecht, denn als Delikatesse kann sie mithalten und bei der Schönheit der Blüte übertrifft sie die Schwarzwurzel.

Wer sie also als Gemüse anbauen will (wie jedes Wurzelgemüse am besten auf tiefgründigem, lockerem Boden), der sollte unbedingt immer ein paar Blüten zur Samenbildung stehen lassen und in der Folge mit einigen Pflanzen den Ziergarten bereichern. Werden die Wurzeln vor der Blütezeit geerntet, sind sie besonders zart und die jungen Blätter machen sich gut im gemischten Salat. Im Herbst gibt es klarerweise mehr Wurzeln auszugraben und diese kann man zur Gaumenfreude werden lassen. Die Haferwurzeln können im Beet überwintern und im nächsten Frühjahr neuerlich loslegen mit dem Wachstum schöner Blüten. Allerdings: Die Wurzeln im zweiten Jahr sind oft zäh, also besser frische Pflanzen säen.

Schälen muss man die Haferwurzel vor dem Kochen eigentlich nicht, fest abbürsten reicht. Wer doch schälen will: die Wurzeln gleich in Zitronen- oder Essigwasser legen, damit sie nicht braun werden.

# 29 Kräuter-Spezialitäten

*Es muss nicht immer nur Basilikum sein*

Der geliebte sonnige Süden! Es ist in Ordnung, dass bei allen italophilen Menschen Basilikum und Oregano im Kräuterbeet nicht fehlen dürfen. Wer allerdings seiner Pizza oder seinem Spaghetti-Sugo das spezielle Aroma eingelegter Oliven zukommen lassen will, muss einfach das wenig wahrgenommene Olivenkraut (*Santolina viridis*) probieren. Und wer von den Italienern lernen mag, wie ein ganz besonderes Omelett schmeckt, der pflanzt oder sät das Gewöhnliche Leimkraut (*Silene vulgaris*), das gern auch auf trockenen Wiesen wächst. Von Frühling bis Sommer werden die jungen Triebe der Pflanze gepflückt. Sie schmecken ein wenig wie Erbsen und können auch zu einem feinen Pesto verarbeitet werden.

Einen Hauch von Curry bringt in mediterrane Speisen das Currykraut (*Helichrysum italicum*). Es entwickelt sich an einem sonnigen Platz zu einer buschigen Pflanze. Mit der Hand nur über die intensiv gelben Blüten zu streichen genügt, um den herrlichen Duft wahrzunehmen. Ein paar getrocknete Blätter reichen zum Würzen eines Bratens oder einer Paella. Das Currykraut ist mehrjährig, aber nur in milden Gegenden winterhart.

Das Acker-Hellerkraut (*Thlaspi arvense*) ist etwas für Freunde kräftigen Würzens. Es wird auch Senflauch genannt; das beschreibt die Geschmacksrichtung. Was lässt sich damit nicht alles aromatisieren! Die jungen Blätter und Blüten sind als Salatbeimischung, zur Suppe, im Gemüse und genauso zum Aromatisieren von Essig und Öl einsetzbar. Würzig und leicht bitter schmecken die schmalen gezahnten Blätter des Hirschhorn-Wegerichs (*Plantago coronopus*). Sie passen genauso gut in den gemischten Salat oder werden gedünstet als Gemüse. Rasch wachsen sie nach.

Auch eine Variante der Zitronenverbene hat das Zeug, sich ihren Platz im Kräutergarten zu erobern: die Orangenverbene (*Lippia citrodora* ›Orange‹). Ihr zarter Orangenduft gibt einem Kräutertee das gewisse Etwas.

Bei der Kräuterernte sind Uhrzeit und Wetter wichtig. Am meisten Inhaltsstoffe haben die Pflanzen am späten Vormittag eines sonnigen Tages. Und wenn es geregnet hat, sollte man lieber ein, zwei sonnige Tage bis zur Ernte warten, damit sich das Aroma wieder voll entwickelt.

# 30 Lauch-Alternativen

*Würzig und optisch anspruchsvoll*

Porree, Schnittlauch, Knoblauch, Bärlauch – alles wohlbekannt und geschätzt. Doch Reizvolles gibt es ebenso abseits üblicher Wege zu entdecken. So lohnt es sich, die Aufmerksamkeit statt auf die Zehen des Knoblauchs (*Allium sativum*) auf seine Knospen zu legen. Die werden nämlich in Olivenöl gebraten oder in Essig, Zucker und Salz eingelegt zur Gaumenfreude. Wer außer dem üblichen Schnittlauch (*Allium schoenoprasum*) den Chinesischen Schnittknoblauch (*Allium tuberosum*) im Garten wachsen lässt, schafft sich damit eine interessante Würzvariante. Auch dessen weiße Blüten sind eine hübsche Ergänzung zu den lila Blüten des Schnittlauchs.

In manchen Gegenden Europas wächst nicht nur der Bärlauch (*Allium ursinum*) in großen Mengen im Wald und wird gern in den Garten geholt, sondern auch der weit weniger bekannte Wunderlauch oder Berliner Bärlauch (*Allium paradoxum*). Unterhalb seiner Einzelblüten auf den zarten Stielen sitzen viele kleine Brutzwiebeln, geschmacklich wie optisch eine höchst erfreuliche Spielart.

Apropos Optik: Die kugelrunden Blütenköpfe des Zierlauchs sind ein toller Blickfang. Wer je auf der Chelsea Flower Show in London war, kennt die Aufsehen erregenden Arrangements aus schier unzähligen Sorten, etwa die riesigen, zarten Blütenkugeln des *Allium cristophii*, jene dichteren, hellen des *A. loratum* ›Marshmellow‹ oder die extravaganten, aus grünen Stängelchen gebildeten Blüten des *A. vineale* ›Dready‹.

Seltener beachtet bei der Auswahl von Zierlauch, aber überaus reizvoll in jedem sonnigen oder halbschattigen Beet ist der Sizilianische Honiglauch (*Allium siculum*), nach einem anderen Herkunftsgebiet auch Bulgarischer Lauch genannt. Bis zu 30 glockenförmige, hängende Einzelblüten bilden seine hübschen Dolden. Bienen und Hummeln lieben diese. Aus den hängenden Glöckchen werden aufrecht stehende Samenstände, die wie kleine Mützen und sehr attraktiv aussehen.

Wer vorhat, nach Lauchgenuss noch jemanden zu küssen, sollte statt Schnittlauch oder Schnittknoblauch besser das Knoblauchgras (*Tulbaghia violacea*) zum Würzen verwenden. Es wird auch Liebes-Knoblauch genannt, weil vorangegangener Konsum nicht zu riechen ist.

# 31 Der Mönchsbart

*Meeresaroma auch fern vom Meer*

Im Mittelmeerraum wächst er wild genauso wie in Gärten und heißt dort »Barba di frate« oder »agretti«. Der deutsche Name lautet Mönchsbart oder Salzkraut. Auf den ersten Blick sieht er wie Schnittlauch aus, hat aber gar nichts mit diesem gemein. Als einjährige Pflanze wächst er rasch und in jedem Kräuterbeet problemlos auch fern des Meeres. Im Frühjahr im Freien oder in einen Topf gesät, ist nach einem guten Monat schon die Ernte angesagt, wenn nämlich der Mönchsbart etwa 20 Zentimeter hoch geworden ist. Dann ab in die Küche mit ihm, denn so unbekannt die Pflanze in vielen Teilen Europas ist, so köstlich schmeckt sie. In Olivenöl mit etwas Knoblauch kurz gedünstet als Beilage oder auf getoastetem Brot, vermischt mit Nudeln, auch zu Pesto verarbeitet – stets erfreut der leicht salzige Geschmack, ein bisschen an Nüsse und Spinat erinnernd. Der Mönchsbart ist sehr gesund, weil er viele Mineralstoffe und Vitamin A sowie mehrere B-Vitamine enthält. Er wirkt antibakteriell, cholesterinsenkend und harntreibend.

Wer den Mönchsbart im Garten heimisch werden lassen will, bestellt am besten die Samen online bei einem der Spezialisten für rares Gemüse. Wird der »Barba« nicht jung geerntet, bildet er aus seinen fleischigen Stängeln hohe Büschel. Die sind hübsch, aber zäh und kulinarisch nicht mehr reizvoll. Viel Wasser braucht er nicht, im Speichern von Feuchtigkeit ist er ein Meister.

Der biologische Name ist *Salsola soda*. Denn wird der Mönchsbart verbrannt, enthält seine Asche bis zu 15 Prozent Soda, also Natriumkarbonat. Dieses ist unter anderem für die Glaserzeugung nötig. Und so wurde die Pflanze in der Vergangenheit in großen Mengen für die Glasbläsereien in Murano bei Venedig angebaut. Aber auch bei der Erzeugung von Seife und Papier kam *Salsola soda* zum Einsatz, ehe im 19. Jahrhundert effizientere Methoden zur Gewinnung von Natriumkarbonat entdeckt wurden.

Wie der Mönchsbart sind auch die Queller (*Salicornia*) Salzpflanzen. Das heißt, sie wachsen wild auf salzigen Küstenböden. Und auch sie lassen sich durchaus im Garten domestizieren, selbst wenn dann ihr salziges Aroma weniger zu merken ist. Verwendung: kurz blanchiert oder als Würzkraut.

# 32 Der Palmkohl

*Ein Gartenschatz für Herbst und Winter*

Die Palmen im Gemüsegarten haben es in sich! Es sind klarerweise keine wirklichen Palmen, sondern der Palmkohl (*Brassica oleracea* var. *palmifolia*). Seine langen, dekorativen Blätter erinnern an Palmwedel, machen also seinem Namen alle Ehre. Deshalb zählt er zu den Gewächsen, die im Ziergarten einen Platz verdienen.

Was den Deutschen ihr Grünkohl (*Brassica oleracea* var. *sabellica*), ist den Italienern der Palmkohl. Die Sorte ›Nero di Toscana‹ steht in Italien, vor allem in der Toskana, in vielen Gärten. Ob Pasta, Roulade oder der Wintereintopf »Ribollita« – der schwarze Kohl, der »Cavolo nero«, gehört einfach dazu. Auch in Portugal ist er beliebt als Basis für die Kohlsuppe »Caldo verde«.

Palmkohl schmeckt milder als der mit ihm verwandte Grünkohl. Und mit den vielen enthaltenen Nährstoffen und Antioxidantien ist er obendrein ein Gesundheitsbooster. Wochenlang können die Blätter geerntet werden, von unten nach oben; so wächst die Pflanze weiter, bis zu 80 Zentimeter hoch. Die jungen Blätter im Sommer sind als Rohkost geeignet, ab dem Sommer ist dann der Kochtopf das Ziel.

Der Palmkohl ist wie alle seine Verwandten ein hungriger Typ, ein Starkzehrer. Viel organischer Dünger und viel Wasser, das sind die Voraussetzungen, damit er Form und Geschmack voll entfaltet. Den Südländer kann er nicht verbergen: Er geht mit starkem Frost weniger souverän um als andere Kohlarten. Er schätzt es durchaus, wenn im Winter etwas Reisig über den Wurzelbereich gelegt wird. Wenn er die kalte Zeit übersteht, wächst er im Frühjahr weiter, setzt aber bei steigenden Temperaturen rasch seine gelben Blüten an. Dem Geschmack der Blätter ist das nicht zuträglich. Dann heißt es wohl besser: auf den Kompost mit ihm. Und wo er gewachsen ist, soll mindestens drei Gartensaisonen keiner mehr gepflanzt werden. Aber das gilt für alle Mitglieder der Familie der Kreuzblütengewächse (*Brassicaceae*).

Für das Zierbeet sind auch die Grünkohlsorten mit rotvioletten Blättern sehr attraktiv, wie etwa *Brassica oleracea* var. *sabellica* ›Redbor‹ oder ›Red Russian‹. Die Blätter sind gekrauster als die des Palmkohls und färben sich mit sinkenden Temperaturen immer intensiver.

# 33 Die Physalis

*Lauter kleine Lampions*

Es kommt kaum ein Buffet ohne sie aus: Die Physalis oder Kapstachelbeere (*Physalis peruviana*) aus der Familie der Nachtschattengewächse (*Solanaceae*) ist nicht nur eine Delikatesse, sondern genauso ein Hingucker. Auch im Garten als Staude mit langen Trieben. Ihre Früchte: geballtes Vitamin C in Form kleiner, orangefarbener Beeren, umgeben von Kelchblättern, die im reifen Zustand an Lampions aus Pergament erinnern. Auf sie bezieht sich der Name Physalis, griechisch die Blase. Es ist einfach, die Kapstachelbeere aus Samen zu ziehen, sie über den Winter zu bringen schon schwieriger. Deshalb ist es eine Überlegung wert, ob man sie lieber jedes Frühjahr neu aussät oder die an sich mehrjährige Physalis über die Frostzeit zu bringen versucht. Ausgraben, zurückschneiden und im Gartenhaus überwintern ist die erfolgversprechendste Möglichkeit. Bei mildem Klima kann etwas Mulch und / oder ein darüber gestülpter Tontopf reichen, um sie im Beet überleben zu lassen.

Die Kapstachelbeere hat zwei Geschwister mit ebenfalls schmackhaftem Charakter: die Andenbeere (*Physalis pruinosa*) sieht der *P. peruviana* sehr ähnlich, bleibt als Pflanze aber deutlich kleiner. Die Früchte der Tomatillo (*P. philadelphica*) wirken wie kleine Tomaten.

An zwei Verwandten darf man sich ausschließlich optisch erfreuen: Die orangerote Lampionblume (*Physalis alkekengi*) ist als Gartenstaude altbekannt und giftig. Andererseits kann ihr ein kalter Winter meist nichts anhaben. Deutlich seltener anzutreffen ist die attraktive Blaue Lampionblume (*Nicandra physalodes*). Sie wird auch Giftbeere genannt, mit gutem Grund. Aber sie ist doch sehr reizvoll mit ihren blauen Blüten. Außerdem verscheucht sie die weiße Fliege und andere Schädlinge aus ihrer Umgebung. An ihrer Unart, im Sommer absterben zu wollen, kann man sie durch sanften Rückschnitt hindern. Das versteht sie als Aufforderung, neue Blüten zu treiben.

Dank der trockenen Hülle lassen sich die Früchte der *Physalis peruviana* gut aufbewahren. Gemeinsam mit Kiwis verarbeitet, ergeben sie eine exotisch köstliche Marmelade.

# 34_Der Safran

*Eine blühende Kostbarkeit*

»Safran macht den Kuchen gehl« (also gelb) – so lautet die Zeile eines Kinderliedes, das aus dem 19. Jahrhundert und aus Sachsen oder Thüringen stammen soll. Aber nicht nur für ein »Backe, backe Kuchen!« ist der Safrankrokus (*Crocus sativus*) interessant, auch für den Hausgarten. Zumal er – anders als die meist im Frühling blühenden Krokusvarianten – im Herbst seine violetten Blüten zwischen ganz schmalen Blättern hervorschiebt.

Jede Blüte bildet bei den drei gelben Staubblättern einen Griffel mit drei langen roten Narbenästen. Die sind es, die geerntet und getrocknet zu einem gefragten, teuren Gewürz werden. Sie werden im Ganzen aufbewahrt und erst kurz vor der Verwendung zerstoßen, damit sich das würzige Aroma und die goldgelbe Färbung der gewürzten Speisen voll entfalten können.

Die Geschichte des Safrans reicht etwa 4.000 Jahre zurück; schon in der Antike war er als Gewürz ein Symbol für Reichtum. Es heißt, Kreuzritter hätten ihn nach Mitteleuropa gebracht. Heute wird sowohl in Deutschland (zum Beispiel in Thüringen) als auch in Österreich (unter anderem in der Wachau) und der Schweiz (etwa im Wallis) der Safrananbau gepflegt.

Doch auch im eigenen Garten ist es durchaus möglich, mit ein wenig Achtsamkeit – und wenn keine Wühlmausgefahr droht – den Safrankrokus anzusiedeln. Durchlässiger Lehmboden mit vielen Nährstoffen ist eine gute Voraussetzung. Die Knollen werden im August in kleinen Gruppen etwa zehn Zentimeter tief eingepflanzt, freuen sich über Kompost und ausreichende Wasserversorgung und blühen bereits im Spätherbst. Was – zusätzlich zum Nutzwert der roten Stempel als Gewürz – zu dieser Jahreszeit auch eine optische Bereicherung ist. Und die Insekten freuen sich nicht minder über diese späte Nahrung. Die Blätter ziehen im nächsten Frühjahr ein, Tochterknollen bilden sich, ehe im Herbst wieder der Austrieb und die nächste Erntezeit beginnen.

Safranknollen kann man am besten direkt bei Betrieben erhalten, die professionellen Safrananbau betreiben. Aber auch im Internet gibt es Bestelladressen. Reservierungen empfehlen sich in jedem Fall. Ausgeliefert wird meist ab Juli.

# 35 Tolle Knollen

*Genuss abseits der Alltagskartoffel*

18 verschiedene Kartoffelsorten pflanzt der Biobauer nebenan. So viele Varianten der Kartoffel (*Solanum tuberosum*), des beliebtesten Gemüses der Deutschen (das der Österreicher ist übrigens die Tomate), müssen nicht im eigenen Garten wachsen, aber einzelne Besonderheiten auszuprobieren zahlt sich aus.

Weil wir bekanntlich alle auch mit den Augen essen, bleibt der Blick auf blauen Sorten hängen. Für Freunde von frittierten Kartoffeln oder auch Kartoffelsalat bietet sich die alte schottische Sorte *S. tuberosum* ›Salad Blue‹ an, auch einfach »Blue Salad Potato« genannt. Sie ist im Garten ertragreich und im Topf festkochend. Innen lila marmoriert präsentiert sich die Knolle mit einem schmalen hellen Bereich unter der dunkelvioletten, rauen Schale. Der Geschmack: ein Genuss!

Wer es noch extravaganter mag, wendet sich der Yacon-Knolle (*Smallanthus sonchifolius*) zu. Nie gehört? Macht nichts! Einmal ausprobiert, immer im Garten! Schon die Inkas wussten die Qualitäten der Yacon zu schätzen. Sie ist eine Verwandte der Topinambur (*Helianthus tuberosus*) und somit auch der Sonnenblume (*Helianthus annuus*) sowie der Süßkartoffel (*Ipomoea batatas*). Ihre Knollen sind sowohl roh als auch gedünstet – allein oder mit anderem Gemüse – eine höchst erfreuliche Bereicherung des Speiseplans. Das Anbauen im Garten ist bei lockerem Boden kein Problem. Es sei denn, Schnecken entdecken die Jungpflanzen und Wühlmäuse die Knollen. Wenn derlei nicht droht, dann wachsen die Pflanzen bis zu zwei Meter hoch. Die kleinen gelben Blüten zeigen die Verwandtschaft mit der Sonnenblume. Was sie überhaupt nicht verträgt, ist Frost. Deshalb heißt es im Herbst, rechtzeitig ernten. Das bedeutet: die Knollen aus der Erde nehmen, die dicken der Küche zuführen und die kleinen mit den Rhizomen in Eimern mit Sand über den Winter lagern. Wenn im Frühling die Frostgefahr vorbei ist, dürfen sie wieder ins Beet.

Die Yacon-Knollen enthalten Fructooligosaccharide, also Mehrfachzucker, und den Ballaststoff Inulin, die beide vom Körper nicht verdaut werden. Das ist gut für Diabetiker und zur Gewichtsreduktion, weil der Blutzuckerspiegel nicht erhöht und der Stoffwechsel angeregt wird.

# 36 Tomaten-Sucht

*Per Sammeltrieb zur Sortenvielfalt*

Es kann zum liebenswerten Spleen werden, auf Reisen durch Gemüsemärkte zu spazieren und besondere Tomatensorten aufzustöbern. Auch wenn nicht immer zu erfahren ist, wie eine Sorte von *Solanum lycopersicum* heißt: Hauptsache, sie besteht den Geschmackstest. Dann werden Exemplare erworben. Eine heitere Variante des Spleens kann auch in Neapel stattfinden. Da lassen sich in einer Pizzeria bestimmt Proben jener kleinen, besonders schmackhaften roten oder gelben Sorten erbetteln, welche die Neapolitaner den ganzen Winter wie Trauben als Vorrat an Wände und Decken hängen. Die besonders köstliche von den Hängen des Vesuvs heißt ›Pomodorino del Piennolo del Vesuvio‹; in der Form oval mit einer Spitze unten und wegen der dicken Schale lange haltbar. Ähnlich in der Form und im Geschmack ist die Sorte ›Pomodoro di Pachino‹ aus den sizilianischen Provinzen Syrakus und Ragusa.

Die Kerne »erbeuteter« Tomaten werden entnommen, in einem feinen Sieb gewaschen, auf Backpapier getrocknet und in beschrifteten Briefchen aufgehoben. Bitte nicht dort aufbewahren, wo sich im Winter eine Maus über die Samenschachtel hermachen kann. Des Nagers Freud ist dann des Samensammlers Leid.

Im nächsten Frühjahr kommen die Samen ein paar Tage in den Kühlschrank, ehe sie in Töpfchen gesät werden. Der Kühlschrankaufenthalt ist ein Beschleuniger für das Austreiben. Wenn die Jungpflanzen ins Beet übersiedeln, wird Knoblauch daneben gesetzt. Das soll die Braunfäule bremsen, die bei viel Feuchtigkeit – etwa durch Bewässern der Pflanze von oben – Blätter und Früchte befallen kann. Über das Ausgeizen der Triebe gehen die Meinungen auseinander. Dafür spricht, dass die Geiztriebe den Tomaten nicht nur als »Selbstdüngung« zu Füßen gelegt, sondern einige in ein dunkles Wasserglas gestellt werden können. Mit etwas Glück bekommen sie Wurzeln. Damit ist Ersatz vorhanden, wenn eine Pflanze im Beet ausfällt.

Es gilt zu beachten, dass Samen von Hybridtomaten (im Handel mit F1 gekennzeichnet) für die Aussaat im nächsten Jahr unbrauchbar sind. Hybride sind nämlich nicht samenfest, das heißt: Die Eigenschaften der Pflanze übertragen sich nicht auf die nächste Generation oder sie sind überhaupt unfruchtbar.

# 37 Die Zichorien

*Immer eine Entdeckung wert*

Kaum zu glauben, wie viel die Gattung der Zichorien zu bieten hat! Die blaublühende Wegwarte, der Wurzel-Chicorée, der Bleich-Chicorée, der Radicchio, der Spargel-Chicorée – alle gehören dazu. Während am Straßenrand die Gewöhnliche Wegwarte (*Cichorium intybus*) das Auge erfreut, ist die Wurzelzichorie (*C. intybus* subspec. *sativum*) seit Urgroßmutters Zeiten ein beliebter Kaffeeersatz. Die grünen, gelben, rosa und roten Varianten des Radicchio-Salates (*C. intybus* var. *foliosum*) haben viele Fans gewonnen. Dessen Sorten tragen oft die Namen der jeweiligen italienischen Anbaugebiete: die blütenförmige, im Geschmack besonders zarte ›Rosa di Gorizia‹, die roten, ovalen Köpfe ›Radicchio di Verona‹, die runden Köpfe ›Radicchio di Chioggia‹, die gelblichen ›R. di Castelfranco‹ bis zum ›R. di Treviso‹ mit seinen schmalen, oben eingerollten Blättern. Einige werden im Frühjahr gesät und können schon im Sommer geerntet werden, andere (etwa der Chioggia- und der Treviso-Radicchio) sind Wintersalate und überstehen auch Frostzeiten.

Erstaunlicherweise nördlich der Alpen am wenigsten bekannt ist der Spargel-Chicorée (auch Vulkanspargel genannt, er hat aber mit Spargel botanisch nichts zu tun), auch eine Spielart des *C. intybus*. Als ›Cicoria catalogna puntarella‹ ist die Sorte speziell in Mittelitalien sehr beliebt. Ihre spargelartigen Triebe sind von dichten grünen löwenzahnartigen Blättern eingefasst. Diese Sprossen sind eine besondere kulinarische Freude, sowohl roh als Salat als auch blanchiert oder kurz gebraten. Die leicht bitteren jungen Blätter können wie Spinat als Gemüse verarbeitet werden.

Die Puntarelle werden im August gesät, dann nach etwa einem Monat vereinzelt; später als kräftige Pflanzen setzen sie, wenn es herbstlich kühl wird, zwischen den Blättern die Sprossen an. Geerntet wird vor dem starken Winterfrost (unter einem Vlies halten sie aber Minusgrade aus).

Für »Puntarelle alla Romana« die Sprossen in schmale Streifen schneiden, in Eiswasser legen, bis sie sich etwas drehen. Dann abtrocknen und mit einer Marinade aus kleingehacktem, in Olivenöl kurz gebratenem Knoblauch, kleingeschnittenen Sardellenfilets und Balsamicoessig vermischen. Der Treviso-Radicchio ist – der Länge nach durchgeschnitten und kurz in Olivenöl gebraten – eine Delikatesse.

# 38 Der Akanthus

*Bewundert schon seit der Antike*

Die langen Blütenstände des Akanthus (*Acanthus mollis*) mit den hellen Einzelblüten sind ein großartiger Blickfang, selbst in dunklen Gartenecken. Sie ragen bis zu zwei Meter hoch aus den großen Blättern. Wenn die Samenkapseln reif sind und es abends still ist im Garten, hört man knackende Geräusche: Der Akanthus, oft einfach Bärenklau genannt, schießt seine Samen in die Umgebung. Allerdings vermehrt er sich auch durch Wurzelausläufer. Wer mit einer kleinen Pflanze beginnt, muss allerdings warten, bis sie zum ersten Mal blüht. Das kann schon drei, vier Jahre dauern. Schutz vor Schnecken ist angesagt, denn die Blätter sind offenbar Delikatessen für die schleimigen Gartenbewohner. Fühlt sich der Akanthus einmal auf seinem Platz wohl (er mag Halbschatten und bohrt dort seine Pfahlwurzel tief in jeden Boden), dann ist nach ein paar Jahren aus der Einzelpflanze eine ordentliche Pflanzengruppe mit vielen prächtigen Blütenständen geworden. Andere Pflanzen werden hemmungslos verdrängt.

Verständlich, dass die großen, malerischen Blätter den alten Griechen zum Vorbild für die Blätter der korinthischen Säulenkapitelle wurden; man denke nur zum Beispiel an das Olympieion, den Tempel des Olympischen Zeus, in Athen. Als Symbol für Unsterblichkeit fand das Akanthusblatt in unterschiedlicher Stilisierung auch bei den Römern Anwendung, später genauso im Mittelalter wie in der Renaissance und im Barock, in der Architektur genauso wie als Dekor auf Altären oder Gebrauchsgegenständen.

Mehr als 30 verschiedene Sorten hat der Akanthus zu bieten. Besonders schön ist der *Acanthus mollis* ›Whitewater‹ mit seinen grün-weiß panaschierten Blättern und den hellrosa Blütenkerzen. Er ist besonders frostfest. Das gilt genauso für den Dornigen Bärenklau (*A. spinosus*), dessen Blätter Dornen zieren, und den Balkan-Bärenklau (*A. hungaricus*). Viel Platz brauchen jedenfalls alle Akanthus-Sorten.

Der Name Bärenklau für den Akanthus eröffnet die Gefahr der Verwechslung mit dem invasiven und starke Hautreizungen verursachenden Riesen-Bärenklau (*Heracleum mantegazzianum*). Aber mit diesem hat der Akanthus botanisch nichts zu tun.

# 39 Blaue Attraktionen

*Pure Romantik in Blütenform*

Des Dichters Novalis »Blaue Blume« wurde im 19. Jahrhundert zum Symbol für Romantik, Liebe, auch für die Sehnsucht nach dem Unerreichbaren. Lauter Gefühle, die ein Garten durchaus zu erzeugen vermag. Zum Beispiel, wenn durch blaue Blüten Effekte erzielt werden: nicht einfach mit den üblichen wie Rittersporn, Hortensie oder Kornblume. Die haben – so schön sie sind – kaum optischen Überraschungswert und lösen deshalb wohl auch weniger Emotionen aus. Da tun sich extravagante Gewächse mit erstaunlichen blauen Blüten doch deutlich leichter.

Eines davon ist die blaue Ballonblume (*Platycodon grandiflorus*), deren Knospen tatsächlich wie Ballons aussehen, ehe sich die Blüten effektvoll zur Glocke entfalten. Kaum ein Garten in England kommt ohne die Blaue Wachsblume (*Cerinthe major*) aus; am europäischen Festland ist sie viel weniger bekannt. Dabei wartet sie mit einer höchst attraktiven Blütenform auf und samt sich leicht von Saison zu Saison selbst aus. Der Blausternbusch (*Amsonia tabernaemontana* var. *salicifolia*) lockt mit zarten hellblauen Blütenbüscheln, die wie gemacht sind fürs Vermitteln von romantischer Stimmung.

Und wer hätte nicht gern eine Blaue Mauritius! Die Briefmarkensammler bekämen alle angesichts dieser unerreichbaren Rarität weiche Knie. Doch hier ist die gleichnamige Pflanze *Convolvulus sabatius* gemeint. Viel profaner wird sie auch Kriechende Winde genannt, was ihrer Pracht in keiner Weise gerecht wird, wenn sie unermüdlich aus Hängekörben oder Töpfen ihren großartigen blauen Blütenregen ausbreitet.

In der Epoche der deutschen Romantik wurde das Symbol der blauen Blume mit Kornblumen oder Wegwarten verbunden. Doch Novalis selbst schrieb vom Heliotrop. *Heliotropium arborescens* ist der botanische Name der Strauchigen Sonnenwende, heute meist wegen des Duftes Vanilleblume genannt. Die macht sich auch im 21. Jahrhundert sehr gut im Blumenbeet.

Dem Kräutergarten tut ein Hauch Romantik ebenfalls gut. Ein paar blaue Blütensterne des klassischen Borretsch (*Borago officinalis*) zieren jede Salatschüssel. Die duftende Blauraute (*Perovskia abrotanoides*) ist nicht nur ein anregend wirkendes Heilkraut, sie wurde früher auch als Kräutertabak verwendet.

# 40_Duft 1

*»Süßigkeiten« können auch wachsen*

Ab und zu darf ein Kalauer sein: »Weil Kakao an Bäumen wächst, ist Schokolade doch auch irgendwie Obst!« Der scherzhafte Satz macht die Liebe zu Süßem deutlich, soll aber nicht zum sinnlosen Versuch animieren, in unseren Breiten Kakao-Bäume zu kultivieren. Es gibt erfolgversprechendere Möglichkeiten, einen Hauch von Süßem in den Garten zu holen.

Schon die Farbe der Blüten der Schokoladenblume (*Cosmos atrosanguineus*) macht klar, woher diese dunkle Vertreterin der Kosmeen ihren Namen hat. Und erst ihr Duft! Hin mit der Nase an ihre Blüten – hmmm, Bitterschokolade! Etwa einen halben Meter hoch wird die buschig wachsende Pflanze. Verwelktes soll regelmäßig abgeschnitten werden, dann blüht sie den ganzen Sommer. Wer die Knolle im Winter frostfrei lagert, kann sich auch im nächsten Jahr am Duft der Pflanze erfreuen. Sie mögen lieber helle Schokolade? Kein Problem! Die *Berlandiera lyrata* wird oft Echte Schokoladenblume genannt, duftet nach Vollmilchschokolade und blüht gelb.

Auch unter den duftenden Pelargonien findet sich Passendes. *Pelargonium tomentosum* ›Chocolate Peppermint‹ blüht zartrosa und riecht intensiv nach den beliebten, mit Minzcreme gefüllten Schokoblättchen. Mit derlei Duft und auch Geschmack wartet ebenso die Schokoladen-Minze (*Mentha* x *piperita* ›Chocolate‹) auf. Ihre Blättchen auf einem Erdbeer-Dessert oder getrocknet als Tee sind nicht nur was für Schokofreunde. Einen Tee ohne Zucker zu süßen geht übrigens mit den Blättchen des Aztekischen Süßkrautes (*Phyla scaberrima*).

Im Herbst wird der Lebkuchenbaum (*Cercidiphyllum japonicum*) zur Sensation. Seine während des Jahres nicht sonderlich auffallenden Blätter färben sich dann von rot bis gelb und duften tatsächlich intensiv nach Zimt und Lebkuchen; auch noch, wenn sie abgefallen sind. Ein deutliches Signal an die Nase: Es sind höchstens zwei Monate bis Weihnachten.

Bei der Schokoladen-Kosmee auf Samen zu warten ist sinnlos. Die Blüten der europäischen Pflanzen sind steril. Sie stammen alle von einem Klon ab und werden durch Stecklinge oder durch Teilen der Knollen vermehrt.

# 41 Duft 2

*Übers Stinken lässt sich streiten*

Die Blüte des Aronstabes (*Arum*), genauer gesagt der Blütenstand mit dem gelbgrünen Hochblatt, ist eine Schönheit! Sie taucht im Frühjahr bald nach den Blättern aus dem Wurzelstock auf und bereichert so halbschattige Zonen um eine optische Attraktion. Aber der Aronstab, verwandt mit der Calla, kann höllisch stinken. Jedoch: »Der riecht doch nach gar nichts!« Die Diagnose ist richtig, wenn man zu Mittag die Nase in die Nähe des Aronstabes hält – sie ist vom Zeitpunkt der Wahrnehmung abhängig. Denn der Blütenstand sondert vor allem abends Stickstoffverbindungen ab, die heftig nach Fäkalien riechen. Einige Insekten lieben das, lassen sich zum Blütenstand locken und bestäuben ihn. So können sich im Spätsommer knallrote, kolbenartig angeordnete Beeren entwickeln – nicht minder attraktiv wie die Blüten im Frühjahr. Es ist also durchaus eine Diskussion wert, etwa den Italienischen Aronstab (*Arum italicum*) im Garten anzusiedeln – trotz abendlichen Stinkens.

Ob der Muskatellersalbei duftet oder stinkt, auch darüber scheiden sich die Geister. Was den einen aromatischer Duft ist, löst bei anderen die Assoziation von Schweißgeruch aus. Jedenfalls ist dieser Salbei mit den von einem feinen Pelz überzogenen Blättern eine Augenweide. So begeisterte Schnecken den Jungpflanzen nicht zu Leibe gerückt sind, schiebt er im zweiten Jahr seine weiß-rosafarbenen Blütentriebe mehr als einen Meter in die Höhe. Die Lippenblüten sind auch bei Insekten mit längerem Rüssel sehr begehrt, wie zum Beispiel beim Taubenschwänzchen (*Macroglossum stellatarum*) oder der Blauen Holzbiene (*Xylocopa violacea*), der größten heimischen Wildbienenart. Mit seinen braunen Samen verbreitet sich der Muskatellersalbei selbst sehr eifrig.

Auch der Koriander (*Coriandrum sativum*) wird oft unter die »Stinkpflanzen« gereiht. Dabei ist er doch eine beliebte Gewürzpflanze. Aber der Volksmund nennt ihn »Wanzendill«.

Oft kann als Orientierung, ob eine Pflanze »im Geruch steht«, eine Stinkpflanze zu sein, der botanische Name dienen: *foetidus* bedeutet stinkend, unangenehm riechend jedenfalls. Siehe zum Beispiel die Stinkende Nieswurz (*Helleborus foetidus*). Steigerungsstufe: *foetidissimus*. Sehr stinkend.

# 42 Elfen und Feen

*Märchenhafte Blüten in Hülle und Fülle*

Das wäre doch mal was: Ein Beet gestalten im Zeichen bezaubernder Wesen aus der Welt der Märchen und Sagen macht nicht nur Kindern große Freude. Elfen und Feen geben immerhin allerlei interessanten Pflanzen ihre Namen.

Die Elfenblume (*Epimedium*) mag es gern, unter Bäumen im Halbschatten zu wachsen. Ganz zart gelb heben sich die Blüten von *Epimedium* x *perralchicum* ›Frohnleiten‹ über die Blätter dieses etwa 20 Zentimeter hohen Bodendeckers, als hätte sie eben eine Elfe verzaubert. Die Blüten von *Epimedium* x *rubrum* sind zart rot gefärbt. Warm und sonnig liebt es der einjährige Elfenspiegel (*Nemesia cheiranthus*), auffallend die Sorte ›Shooting Stars‹ mit unten gelb und oben lila-weiß gefärbten Blütenblättern.

Elfenhandschuh ist ein Name für die Akelei, wegen ihrer zarten Blütenform. Ob *Aquilegia vulgaris*, in ihren Schattierungen von blau bis rosa, oder die bezaubernd gelb blühende Gold-Akelei (*Aquilegia chrysantha*) – einmal im Beet, sind sie nicht wieder zu vertreiben; sie sind Meisterinnen der Selbstaussaat. Aber: Verschiedene Akeleisorten kreuzen sich leicht.

Neben diesen zarten Elfenhandschuhen macht sich der Feenhandschuh gut: der Fingerhut (*Digitalis*) in seinen zahlreichen Farbvarianten. Vorsicht, er ist sehr giftig. Auf den Britischen Inseln, wo viele Menschen für Mythen anscheinend besonders empfänglich sind, hieß es, die Feen hätten die Blüten des Fingerhuts als Fäustlinge, aber auch als Kopfbedeckung getragen. Oder sie hätten die Blüten den Füchsen als Schuhwerk für die Pfoten gegeben, was den englischen Namen Foxgloves erklärt. Die Elfenraute (*Artemisia lactiflora*), eine Beifuß-Art, passt mit ihren weißen, winzigen Blüten gut dazu.

Und weil Elfen oder Feen angeblich gern in Glockenblumen wohnen, dürfen diese in so einem Beet nicht fehlen; etwa die Rapunzel-Glockenblume (*Campanula rapunculus*) oder die Zwergglockenblume (*Campanula cochleariifolia*).

Lassen Sie Ihre Phantasie spielen und basteln Sie aus dem, was im Garten wächst, Feen- und Elfenfiguren – mit Kindern oder einfach für sich selbst. Eine Blume als Kopf, ein paar Grashalme und vielleicht Blätter vom geheimnisvollen Efeu – und schon sitzen die Zauberwesen wirklich in dem ihnen gewidmeten Beet.

# 43 Engel und Sterne

*Himmlisches für Beet und Wiese*

Das mit den Engeln ist so eine Sache: Sie sollen zwischen Himmel und Erde als Boten unterwegs sein, aber sehen lassen sie sich dabei nicht. Doch ihren möglichen Spuren in der Pflanzenwelt kann man sich widmen; nichts spricht dagegen. Die Engelwurz (*Angelica archangelica*) zum Beispiel, so heißt es in der Legende, habe ein Engel einst persönlich als Schutz vor der Pest gebracht. Jedenfalls sind ihre heilenden Kräfte schon im Mittelalter und dann auch durch den großen Arzt Paracelsus im 16. Jahrhundert anerkannt worden. Wenn sie im Garten genug Platz und Wasser bekommt, wird sie zu einer großen, effektvollen Pflanze und kann als Heil- und Küchenkraut vielerlei Verwendung finden.

Die Wirkung der beliebten Kübelpflanze Engelstrompete (*Brugmansia*) sollte man besser nicht ausprobieren. Sie ist so giftig, dass sie wohl besser Teufelstrompete heißen sollte.

Gäbe es für Blütensterne einen Schönheitswettbewerb, dann könnte ihn die Große Sterndolde (*Astrantia major*) gewinnen. Da sie nicht nur höchst attraktiv ist, sondern auch den ganzen Sommer blüht sowie mehrjährig und winterhart ist, versteht man kaum, warum sie zu den Raritäten zählt. »Es blitzen die Sterne«, singt Cavaradossi in Giacomo Puccinis Oper »Tosca«, was sich sehr gut auch auf die *Astrantia major* übertragen lässt, wenn sich etwa die Blüten der Sorte ›Sparkling Stars pink‹ zeigen.

Als ob Engel weiße Sterne ausgestreut hätten, so wirken die Milchsterne (*Ornithogalum*), egal in welcher Art. Sie tragen auch den Namen »Stern von Bethlehem«. Es ist eine Gartenblume, die früher beliebt war, heute aber vielfach in Vergessenheit geraten ist. Der Nickende Milchstern (*Ornithogalum nutans*) zum Beispiel kam schon im Barock aus der Türkei nach Mitteleuropa und zierte manchen Schloss- und Klostergarten. Ob im Beet oder ausgewildert in einer Wiese (derlei Entscheidung trifft er gern selbst) – jeder Milchstern ist ein Gewinn.

Aus der Wurzel der Engelwurz kann man Tee zubereiten, der gegen Magen- und Darmbeschwerden hilft. Dazu einen Teelöffel getrocknete Wurzel in einer Tasse mit kochendem Wasser übergießen, nach 15 Minuten abseihen und trinken. Zur Geschmacksverbesserung eventuell Blätter der Zitronenmelisse hinzufügen.

# 44_Die Eroberer

*Einmal im Garten, immer im Garten*

Wie das so ist bei Eroberern: Sie sind nicht allein. Immer gibt es andere mit demselben Anspruch. Das ist auch im Garten so. Die Liste der blühenden Individuen mit Ausbreitungssucht ist lang. Doch es sind beachtenswerte Schönheiten darunter.

Zum Beispiel das Spanische Gänseblümchen (*Erigeron karvinskianus*). Das altmodische Wort »liebreizend« passt gut zu den weißrosa Blüten, welche die entfernte Verwandtschaft mit den üblichen Gänseblümchen (*Bellis perennis*) zeigen. Aber: Keine Mauerritze, keine Nische ist vor ihm sicher; einmal in eine sonnige Ecke gesetzt, erobert es rundum alles. Das *E. karvinskianus* bildet Polster wie kleine Stauden, an denen dauernd neue Blüten entstehen. Und jede Menge Samen!

Wer eine Spornblume (*Centranthus ruber*) in der eigenen Pflanzenwelt einbürgert, steht bald einer Heerschar gegenüber. Die Spornblume weiß von der Schönheit ihrer Rispenblüten und befindet, ein Beet ist nicht genug. Sie verteilt ihre Samen jedes Jahr in die nähere und weitere Umgebung, noch ehe man dazugekommen ist, Verblühtes zurückzuschneiden. Dies zu entfernen empfiehlt sich, weil die Pflanze dann bis weit in den Herbst immer wieder neue Blüten ansetzt. Die rasch wachsende Spornblumen-Kolonie – egal ob *C. ruber* ›Coccineus‹ in dunkelrosa oder *C. ruber* ›Albus‹ in weiß – macht anfangs nur Freude, bald ist es aber an der Zeit, sich nicht mehr terrorisieren zu lassen. Es hilft nur, den »Kindergarten« auszureißen. Oder zumindest sanft aus der Erde zu ziehen – auch zur Nachnutzung. Junge Blätter? Ab in den Salat mit ihnen! Und: Die Spornblume ist eng verwandt mit dem Baldrian. Wie beruhigend! Ein, zwei Tropfen des Saftes ihrer Wurzeln sollen schon helfen, Schlaflosigkeit zu bekämpfen.

In Töpfe gesetzt sind überschüssige Pflänzchen oft willkommene Geschenke für gartenaffine Gäste. Sollen Spornblumen und Spanische Gänseblümchen doch auch andere Gärten erobern!

Lust auf noch ein paar bunte Eroberer? Die Königskerze (*Verbascum*), die Akelei (*Aquilegia*), die Katzenminze (*Nepeta*), der Kaukasus-Gamander (*Teucrium hyrcanicum*), der Blutweiderich (*Lythrum salicaria*) und und und.

# 45 Farbwechsel

*Wenn Buntes überrascht*

Ehe zu viel Gewohnheit im Garten Einzug hält, sind Farbwechsel angesagt. Wie rasch wird eine Pflanzenart zur Überraschung, wenn sie statt in der üblichen in einer seltenen Färbung gepflanzt wird!

Der Sommerflieder (*Buddleja*) ist wohlbekannt in vielen Tönen, von weiß über zartlila bis zu ganz dunklem Violett. Gartenbesitzer und Bienen lieben ihn gleichermaßen. Wie wäre es aber einmal mit dem Gelben Sommerflieder *Buddleja* x *weyeriana* ›Sungold‹? Bisher wird er wenig beachtet, dabei gibt es ihn bereits seit 1914. In der belgischen Baumschule Weyer hat man die Schmetterlingsflieder genannte *Buddleja davidii* mit dem Kugel-Schmetterlingsflieder (*Buddleja globosa*) gekreuzt.

Gelb als klassische Farbe kennzeichnet viele Arten und Sorten der Königskerze (*Verbascum*). In manches Blumenbeet passt Gelb aber bekanntlich gar nicht. Keine Sorge, es gibt feine Alternativen. Die Königskerze *Verbascum nigrum* ›Album‹ ist so eine edle Besonderheit, die sich überall bestens einfügt: Ihre weißen Blütenblätter gruppieren sich um lila Staubgefäße. Vielleicht passen aber die eleganten, matten Orangetöne von *Verbascum* x *hybridum* ›Honey Dijon‹ oder ›Caribbean Crush‹? Demgegenüber keine Hybrid-Sorte, sondern eine alte, eher seltene Art ist *Verbascum phoeniceum*; diese Phönizische Königskerze leuchtet zart violett.

Wer sagt, dass der Schwarze Holunder (*Sambucus nigra*) immer grüne Blätter und weiße Blüten haben muss? *S. nigra* ›Black Beauty‹ oder ›Black Lace‹ haben nicht nur schwarze Früchte wie der klassische Holunder, sondern fallen mit ihren dunkelroten Blättern und den rosa Blüten auf.

Ob ihre kurzen Aststücke tief in Maulwurfshaufen gesteckt die störenden Wühler ebenso vertreiben, wie man es denen des üblichen Holunders nachsagt? Hängt wohl vom Geschmack des Maulwurfes ab; jedenfalls ist das eine einfache Methode, neue Pflanzen zu bekommen, denn diese Stöckchen wurzeln rasch.

Wie anno dazumal sehen Bauern die Königskerzen heute oft noch als Wetteranzeiger: Es heißt, schlechtes Wetter stünde bevor, wenn sie ihre Spitzen nach Westen neigen. Weisen diese nach Osten, bedeute dies schönes Wetter.

# 46 Die Kaktusecke

*Nicht nur für Spezialisten*

Manchmal fängt es ganz harmlos an. Irgendwo im Urlaub blüht ein Feigenkaktus so schön, dass einen die Lust befällt, auch einen daheim zu haben. Und schon hat der Kaktus ein »Ohr« weniger und man selbst ein paar Dornen in den Fingern. Macht nichts. Daheim wächst das Ohr in sandiger Erde rasch an. Jahr für Jahr kommen welche dazu, bis jede herbstliche Übersiedlung des »Stacheltiers« (Spitznamen müssen sein) vom Garten ins Winterquartier mehr Vorsicht erfordert. Inzwischen weiß der »Ohrendieb«, dass es sich um eine *Opuntia ficus-indica* handelt, mit gelben Blüten und lila Früchten.

Achtung! Die Zuneigung zu diesem Feigenkaktus kann ein Suchtverhalten auslösen. So entsteht im Garten im Laufe der Zeit eine Kaktusecke, die viel Freude macht, selbst wenn man gar kein Kaktusspezialist werden will. Ein Seeigelkaktus mit seinen großen rosa Blüten, die nur einen Tag leben, ist eine Pracht, auch wenn man nicht weiß, dass er *Echinopsis eyriesii* heißt. Der aus dem Biomüll des Nachbarn gerettete Blattkaktus (*Epiphyllum*) bedankt sich jedes Jahr mit großen roten Blüten.

Kaktussucht erweitert sich leicht zur Sukkulentensucht. Die Agave ist so eine wasserspeichernde Pflanze. Das griechische Wort »agavos« heißt edel; sie ist eine ebensolche Ergänzung der Kaktusecke. Die silbrig grüne *Agave americana* stellt sich als ziemlich robust heraus. Abenteuerlustige versuchen ihr ein Überwintern im Freien nahe der Hauswand beizubringen. Ihre panaschierte Schwester mag das nicht. Heikel ist auch eine Schönheit wie die *Agave victoriae-reginae*, eine wunderbare Ehrung der Königin Viktoria. Die *Aloe aristata* schiebt ohne großen Pflegeaufwand an langen Stängeln bezaubernde orangerote Blütentrauben in die Höhe. Und wenn einer *Aloe vera* ein Blatt abbricht, dient die austretende Flüssigkeit gleich als feine Handpflege. Nicht umsonst setzt die Kosmetikindustrie auf die Aloe als Feuchtigkeitsspender.

Mit winterharten Sukkulenten wie dem Mauerpfeffer (*Sedum*), der Hauswurz (*Sempervivum*) oder etlichen *Crassula*-Arten kann in der Sonne ein passender Steingarten gebaut werden – gleich neben den Kaktuseckenbewohnern in Töpfen, die im Winter ins Gartenhaus müssen.

# 47 Die Kletterkünstler

*In ihrer Pracht schwer zu bändigen*

Wer die lachsrosafarbene Rose ›Albertine‹ an einer uralten Klostermauer hinaufranken sieht, ist sofort begeistert. Die würde sich doch auch an einem Rosenbogen gut machen, kalkuliert der Rosenfreund! Falsch! Diese Sorte ist eine so starkwüchsige Rambler-Rose, dass sie einen Rosenbogen lächerlich findet; eine hohe Mauer – fünf Meter mindestens – ist akzeptabel, ein hoher Baum wäre das Optimum. Denn ›Albertine‹ (1921 in Frankreich gezüchtet) ist hauptsächlich mit dem Wachstum beschäftigt; ihre wunderbaren Blüten zeigt sie nur einmal im Frühsommer.

Auch die Banks-Rose *Rosa banksiae* var. *lutea* ist kaum zu bändigen. Sie stammt aus China und wurde 1824 für die Royal Horticultural Society, die britische Königliche Gartengesellschaft, nach Europa gebracht. Wenn sie darf, wie sie kann, rankt sie sich mehr als sechs Meter in die Höhe oder schließt rasch das Dach eines Pavillons aus Eisenstäben. Sie zeigt ihre kleinen Blüten wie eine zartgelbe, leicht duftende Wolke deutlich früher im Jahr als die meisten anderen Rosen, aber leider nur einmal pro Saison.

Sind zartgelbe Rosenblüten mehrfach im Jahr gewünscht? Das Anliegen erfüllt die Kletterrose ›The Pilgrim‹ des britischen Rosenzüchters David Austin. Blüten der Kletterrosen, auch Climber genannt, sind größer als die der Rambler-Rosen, die dafür in Büscheln wachsen.

Die Passionsblume (*Passiflora caerulea*) hält etwa -6 bis -7 Grad Celsius Wintertemperatur aus und zeigt ihre prächtigen weiß-lila Blüten sowie die orangefarbenen Früchte den ganzen Sommer bis weit in den Herbst hinein. Im Wuchern ist sie großartig: Erstens samt sie sich selbst aus und liebt es zweitens ebenfalls Bäume zu erobern. Das tut der weiße Sternjasmin (*Trachelospermum jasminoides*) – auch in klimatisch milden Gebieten nördlich der Alpen – genauso gern. Und es ist ihm egal, ob der Baum eventuell schon im Garten des (hoffentlich begeisterten) Nachbarn steht.

Wenn Rambler-Rosen zu groß oder an der Basis kahl werden, hilft ein kräftiger Schnitt. Nur diesjährige Triebe bleiben stehen, andere kann man nach der Blüte bis zum Boden abschneiden. Auch die Passionsblume wird durch einen Schnitt im Frühjahr zu heftigem Neuaustrieb angeregt. Dem Sternjasmin muss man mit der Schere nur zu Leibe rücken, wenn er sich Zonen erobert, wo er unerwünscht ist.

# 48 Der Korallenbaum

*Ein Star unter den Kübelpflanzen*

Da steht er, in einem sizilianischen Garten, dunkelgrün die Blätter, knallrot die eindrucksvollen Blüten, die in großen Trauben am Baum hängen. Jeder Korallenbaum (*Erynthrina)* lässt einen begeistert staunen. Impressionen des letzten Urlaubs in Südeuropa in den eigenen Garten transferieren ist oft ein intensiver Wunsch. Der lässt sich in diesem Fall relativ einfach realisieren. Denn obwohl der Korallenbaum aus den subtropischen Zonen Asiens, Afrikas und Südamerikas stammt, ist er auch in europäischen Breiten ein Star, und zwar ein Star unter den Kübelpflanzen, wenngleich ein kaum bekannter.

Die Art *Erythrina crista-galli* ist die wahrscheinlich robusteste und hat die attraktivsten, nämlich rote, korallenartige Blüten. Sie stammt aus Argentinien, wo sie auch die Nationalpflanze ist. »Erynthros« heißt auf Griechisch rot, »crista-galli« bedeutet Hahnenkamm. Kübelpflanzengärtner neigen zur Annahme, der Korallenbaum verlange aufwendige Pflege. Keine Rede davon, denn der Korallenbaum ist im Topf als Busch oder kleiner Baum problemlos zu ziehen. Er mag es, sich das Gießwasser aus einer Unterschale zu holen. Die intensiv roten Blütentrauben sind im Sommer zu bewundern, zum Beispiel im Botanischen Garten in Nymphenburg (München).

In der kalten Jahreszeit muss es gar nicht ein kühler Wintergarten sein, auch eine Garage reicht als frostfreie Unterkunft. Da wirft er meist die Blätter ab und braucht kaum Wasser. Erst beim Neuaustrieb in Frühjahr bekommt er wieder Durst und auch Hunger: Ein ordentlicher Schub von erst mineralischem, dann organischem Dünger behagt ihm sehr. Ein Platz an der Sonne ist ihm wichtig. Im Herbst kann er zurückgeschnitten werden; so ist im Winterquartier leichter Platz. Wie *E. crista-galli* blüht im Sommer auch *Erythrina* x *bidwillii*, hingegen erscheinen die Blüten der *E. speciosa* und der *E. caffra* schon im Frühjahr.

Achtung! So schön die Korallenbäume sind: Sie enthalten Alkaloide, sind also in allen Teilen stark giftig. Daher nicht eine von seinen Früchten (sie sehen aus wie Bohnenschoten) probieren, das nehmen Magen und Darm sehr übel.

# 49 Die Krötenlilie

*Eine völlig unterschätzte Schönheit*

Es ist außerordentlich ungerecht! Warum muss eine so wunderschöne Blume den Namen Krötenlilie tragen? Nur weil ihre Blüten Punkte haben wie manche Kröten? Nachbars Töchterchen hat die Frage anders gestellt: Warum heißt die Blume Kröten-Lilli? Nicht Lilli, sondern Lilie. Sie gehört zu den Liliengewächsen. Und zum Trost: Ein anderer, aber wenig verwendeter Name lautet Tigerstern. Nachbars Töchterchen fragt: Aber Tiger haben doch Streifen?

Genug! Namensfragen sind mit Logik oft nicht zu klären. Botanisch heißt die Gattung jedenfalls *Tricyrtis* wegen der drei Kelchblätter in der Mitte des Blütensterns. Die einander sehr ähnlichen Arten *Tricyrtis hirta*, die Japanische Krötenlilie, und *Tricyrtis formosana*, ihre aus Taiwan stammende Schwester, lassen sich in Gärtnereien finden und sind – wenn sie blühen – heiße Kandidaten für eine Liebe auf den ersten Blick. Wie kleine Orchideen wirken sie, als ob jede Blüte einzeln ihren garstigen Namen Lügen strafen wollte.

Erstaunlicherweise haben Krötenlilien bisher wenig Beachtung gefunden. Mit Ausnahmen. Die österreichische Schriftstellerin Barbara Frischmuth zum Beispiel zählt die Krötenlilie zu ihren Lieblingspflanzen. Sie wachse in ihrem Garten im Salzkammergut sogar in der prallen Sonne sehr gut, obwohl sie doch sonst den Halbschatten liebt. Vom August bis zum Oktober öffnet sich auf den etwa einen halben Meter aufragenden Stängeln eine Blüte nach der anderen.

Wer sie einmal im Garten hat, mag sie bestimmt an mehr als einer Stelle blühen sehen. Der Wunsch ist leicht zu erfüllen: Entweder man lässt einen zur Erde abgesenkten Trieb wurzeln oder teilt im Frühjahr das Wurzelgeflecht oder schneidet aus starken Trieben Stecklinge. Krötenlilien sind winterhart, freuen sich aber über schützendes Reisig. Dann treiben sie im Frühjahr problemlos wieder aus. Nur Wühlmäuse sollte man von ihnen tunlichst fernhalten.

Katzenbesitzer sind zu großer Achtsamkeit aufgerufen: Wie alle Liliengewächse ist auch die Krötenlilie für die »Haustiger« sehr giftig. Hunde dagegen müssten schon große Mengen an Lilien fressen, um in ähnliche Lebensgefahr zu geraten.

# 50 Immer diese Lilien!

*Nicht jedermanns Sache, aber doch reizvoll*

In großen Vasen in Kirchen, mit so intensivem Geruch, dass mancher sich zurückziehen mag, oder – olfaktorisch einfacher – als Attribut von Heiligen wie bei Antonius von Padua – so ist die weiße Madonnenlilie (*Lilium candidum*) bekannt. Die optisch attraktivere Orientalische Lilie (*Lilium* ›Muscadet‹) hat noch mehr das Zeug, Duftströme großflächig zu verteilen. Für manche im Garten ein »Must have«, für andere ein »No go«. Jedenfalls kommt kaum ein Bauerngarten ohne Türkenbundlilie (*Lilium martagon*) aus. Deren Duft ist zwar weniger intensiv, jedoch auch nicht von jedem geliebt. Eine kaum bekannte, aber sehr interessante Hybrid-Züchtung der Türkenbundlilie ist *Lilium* x *martagon* ›Claude Shride‹. Mit ihren dunkelroten, hängenden Blüten hat sie durchaus das Zeug, viele Freunde zu finden.

Auch unter Pflanzen, die zwar das Wort Lilie im Namen tragen, aber botanisch nicht zu den Liliengewächsen zählen, ist eine Menge Attraktives zu finden: Die Taglilien (*Hemerocallis*) gehören zur Familie der Grasbaumgewächse (*Xanthorrhoeaceae*). Man muss sich nicht mit der häufigsten, nämlich der orangefarbenen *Hemerocallis fulva* zufriedengeben. Zuchtformen wie die hellgelbe *Hemerocallis* Hybrid ›Villa Vanilla‹ mit ihren auffallend gekräuselten Blütenrändern machen ordentlich was her. Die verbreiteten orange und gelb leuchtenden Fackellilien (*Kniphofia uvaria*) und die ebenfalls gelben, weniger bekannten Junkerlilien (*Asphodeline brevicaulis*) gehören auch zu den Grasbaumgewächsen.

Die Familie der Amaryllisgewächse hat genauso Mitglieder zu bieten, die Lilien genannt werden: die Schmucklilien (*Agapanthus africanus*) zum Beispiel. Statt dem üblichen Blau hat *A. africanus* ›Fireworks Flower‹ extravagant weiß-blau verlaufend gefärbte Blüten zu bieten. Die Hakenlilien (*Crinum* x *powellii*) locken mit ihren großen rosa Blütenbüscheln. Auch Lilienskeptiker haben da ohne Zweifel die Qual der Wahl.

Ein kulinarisches Argument für die Taglilien (*Hemerocallis*): Sie können gegessen werden, und zwar von der Wurzel bis zur Blüte. Vor allem die Knospen und die jungen Blätter sind frittiert, gebacken, gekocht oder eingelegt eine Köstlichkeit. Die Blüten schmecken leicht süß, die Blätter zart nach Lauch, die Wurzeln ein wenig nach Nüssen.

# 51 Die Lotusblume

*Exotik als Herausforderung*

In botanischen Gärten, wie dem von Triest, ist sie ein Hit: *Nelumbo nucifera* ›Perry D. Slocum‹ erhebt im Sommer ihre riesigen gefüllten Blüten in zartem Gelb an langen Stielen hoch über eine Wasserfläche. Sie ist eine der attraktivsten Lotusblumen und löst bei jedem Hobbygärtner den Reflex aus: »Diese Schönheit hätte ich auch gern!« Seerosen hat hingegen schon jeder Wasserpflanzenfreund.

Die Gattung der Lotusblumen umfasst nur zwei Arten: die indische *Nelumbo nucifera* und die amerikanische *Nelumbo lutea*. Dazu kommen die gezüchteten Hybriden.

Wer Herausforderungen liebt, kann sich an ein Projekt wagen. Gefragt ist: ein Teich. Zu groß darf er nicht sein, sonst wird das Wasser im Sommer nicht ausreichend warm (zwischen 20 und 30 Grad Celsius), dann blüht die Lotusblume nicht. Erforderliche Wassertiefe: 30 Zentimeter, denn der Teich darf nie durchfrieren. Weniger Risikofreudige pflanzen die Lotusblume in einen großen Kübel, nehmen diesen zur Überwinterung aus dem Teich und stellen ihn in einen frostsicheren Raum.

Wenn dieses Gefäß mindestens 50 Zentimeter Durchmesser hat, dann ist der Lotusversuch auch ohne Teich möglich. Gepflanzt wird im Frühling. Den Eimer etwa 30 Zentimeter hoch mit lehmiger Erde füllen und das Rhizom (erworben im Fachhandel oder in einem botanischen Garten) hineinsetzen. Noch etwa 20 Zentimeter Erde darüber schichten, dann mit Wasser befüllen. 30 Zentimeter hoch muss das möglichst kalkarme Wasser immer über der Erdschicht stehen, so eine Triestiner Gärtnerin. Das heißt: regelmäßig nachfüllen. Und das heißt auch: die Pflanze bis zur Blütezeit regelmäßig mit Spezialdünger »füttern«. Wenn im Herbst der Eimer nach drinnen übersiedelt, müssen alle Pflanzenteile oberhalb des Wassers abgeschnitten werden. Auch im Winter darf der Wasserpegel nicht absinken. Im Frühjahr kann der Eimer entleert, das Rhizom entnommen, geteilt und frisch gepflanzt werden.

Wer auf einen weißen ägyptischen, einen blauen oder einen Tigerlotus stößt: nicht verwirren lassen! Alle, welche die Bezeichnung *Nymphea* im botanischen Namen tragen, sind Seerosenarten und kein Lotus!

# 52 Der Löwenzahn

*Ein wunderbarer Alleskönner*

Liebhabern des englischen Rasens ist er ein Dorn im Auge, viele andere lieben sein leuchtendes Gelb und verehren ihn als vielseitiges Wundermittel, Kinder freuen sich an den Pusteblumen. Der Löwenzahn (*Taraxacum)* hat Freunde und Feinde.

Wer im Garten eine Wiese blühen lässt, verfügt dort jedenfalls mit dem Löwenzahn über einen Alleskönner. Bekannt ist, junge Blätter im Frühlingssalat zu verwenden. Sie enthalten 40-mal mehr Vitamin A, 9-mal mehr Vitamin C, 4-mal mehr Vitamin E, 8-mal mehr Calcium als Kopfsalat – und viele Wirkstoffe. Genauso lassen sich die Pfahlwurzeln gebraten in den Menüplan einfügen, und neuerdings kommt wieder in Mode, die Wurzeln geröstet und gemahlen als Kaffeeersatz zu verwenden. Die Knospen, süßsauer eingelegt, werden zum delikaten Ersatz für Kapern. Als Heilpflanze zählt er seit der Antike zu den »Wundermitteln«. Die enthaltenen Bitter- und Gerbstoffe tun Magen und Darm gut und wirken entzündungshemmend. Das Phytosterin hilft den Cholesterinspiegel zu senken.

Biologen wissen: So vielfältig wie die Verwendbarkeit des Löwenzahns sind seine Erscheinungsformen. »Der« Löwenzahn, das sind in Wahrheit Hunderte Arten, die oft kaum zu unterscheiden sind: Neben dem Gewöhnlichen Löwenzahn (*Taraxacum officinale*) gibt es auch den Alpen-Löwenzahn (*T. alpinum*), den Sumpf-Löwenzahn (*T. palustre*) und den nur in Österreich wachsenden Löss-Löwenzahn (*T. serotinum*) – die Aufzählung ließe sich lange fortsetzen.

Seit Jahren wird daran geforscht, aus dem Russischen Löwenzahn (*Taraxacum kok-saghyz)* Kautschuk zu erzeugen; sein Milchsaft enthält bis zu zehn Prozent Naturkautschuk. Viel Gewöhnlicher Löwenzahn in der Wiese kann ein Signal für zuviel Stickstoffgehalt im Boden sein. An sich fördert Stickstoff das Pflanzenwachstum, aber ein Übermaß bedeutet eventuell eine Übersäuerung des Bodens. Was wiederum der Pflanzenvielfalt nicht zuträglich wäre.

Auf der Gartenwiese kann noch eine andere Pflanzengattung namens Löwenzahn wachsen: Sie hat den botanischen Namen *Leontodon.* Auch von ihr sind zahlreichen Arten bekannt. Diese haben aber keinen hohlen Stängel wie *Taraxacum*, sondern einen vollen, harten Blütenstiel.

# 53 Der Oleander

*Viel robuster als man glaubt*

Als Klassiker des mediterranen Flairs hat der Oleander (*Nerium oleander*) eine große Fangemeinde. Nördlich des Mittelmeerraumes lebt er meist als Topfpflanze, wegen der frostigen Winter. Doch er wird meist unterschätzt. Die These sei erlaubt: Mehr Oleander verdursten in ihren Töpfen, als dass sie erfrieren. Deshalb hier ein Plädoyer für mehr Mut im Umgang mit ihnen! Wer nicht in Regionen mit -20 Grad Celsius im Winter zu Hause ist, kann durchaus den Versuch wagen, einen Oleander direkt in den Boden zu setzen – an einem geschützten Platz an der Sonne. Denn auch wenn es heißt, Oleander sei nur bis -5 Grad frostfest, gibt es genügend Beispiele, wo ihn auch -10 Grad und weniger nicht in den Pflanzenhimmel befördert haben. Ein Vlies als Schutz ist allerdings von Vorteil. Es gilt zu beachten, dass gelbe (etwa ›Luteum plenum‹) und dunkelrote Sorten (etwa ›Rubis‹) meist empfindlicher sind als rosafarbene, egal ob mit einfachen, doppelten oder dreifachen Blüten.

Die eigene Anzucht funktioniert problemlos. Im Juli oder August halbverholzte, etwa zehn Zentimeter lange Ästchen (ohne Blüten, mit drei, vier Blättern) in eine dunkle Flasche mit Wasser stellen. Rasch wachsen die Wurzeln und die Pflanze kann in einen Topf mit Anzuchterde und an einen schattigen Platz ins Freie übersiedeln. Wer für gleichmäßige Befeuchtung sorgt, sieht ihn bald wachsen. Es gilt: Jungpflanzen müssen an Kälte gewöhnt werden; die ersten zwei, drei Winter sollten sie deshalb im Topf und in der Garage bleiben. Dann werden sie direkt in den Gartenboden gesetzt. Wenn doch einmal der Frost seinen Tribut fordert: den Oleander etwa zehn Zentimeter über dem Boden abschneiden. Oft treibt er dann wieder aus.

Auch wenn er im Süden ohne Pflege entlang der Autobahn wächst: Oleander ist durstig. Während der Blüte bekommt er leicht viele gelbe Blätter. Dagegen hilft: einfach den Gartenschlauch mit viel Wasser zu Füßen legen.

Zu den vielen großwüchsigen Oleandersorten, die sich zu drei, vier Meter hohen Blütenwolken entwickeln können, sind Zwergoleander wie etwa *N. oleander* ›Petite Salmon‹ oder ›Moshav‹, platzsparende Alternativen. Sie werden etwas mehr als einen Meter hoch. Meist lassen sie – anders als die meisten großen – Verblühtes nicht fallen; die Schere muss nachhelfen.

# 54 Die Papageienpflanze

*Hübsche Früchtchen und zarte »Seide«*

Was gab es für ein Hallo, wenn im Herbst die Tante den Kindern ein Glas brachte, an dessen Rand lauter Papageien hingen. Natürlich keine wirklichen, sondern die Früchte der Papageienpflanze (*Asclepias syriaca*), die neben dem Haus wuchs. Sie sehen tatsächlich wie die exotischen Vögel aus, nur nicht bunt. Dieser Strauch ist selten geworden in den Gärten, dabei ist er doch in mancherlei Hinsicht ein Hit.

Zum einen ist die Papageienpflanze pflegeleicht, zum anderen winterhart. Sie mag es sonnig, warm und trocken. Bis etwa zwei Meter wird sie hoch; je älter die Pflanze, desto höher schiebt sie die Stängel mit den kräftigen Blättern. Und weil sie sich über Rhizome vermehren kann, wird sie auch immer voluminöser. Im Sommer sind die attraktiven rosa Blütenkugeln nicht zu übersehen, die Bienen und andere Insekten heiß lieben. Im Herbst bilden sich daraus die lustigen, etwa zehn Zentimeter großen »Papageien«. Es gilt: anschauen ja, aber nicht reinbeißen, denn die Pflanze und ihr milchiger Saft sind leicht giftig.

Wenn die Früchte ausreifen dürfen, dann platzen sie auf. Das sieht aus, als würden Büschel von Seidenfäden freigelegt. Deshalb wird sie auch Seidenpflanze genannt. Früher hat man mit dieser »Seide« sogar Kissen gefüllt. Fallweise wird die Pflanze noch immer nur deshalb angebaut, etwa in Amerika. An diesen seidigen Fäden hängen die Samen. Ein Windstoß, und sie fliegen davon und suchen sich viele neue Plätze zum Keimen. Was man natürlich kontrollieren kann, indem man die reifen Früchte rechtzeitig absammelt, die Samen herausnimmt und bei Bedarf in Töpfen zu neuen Pflanzen keimen lässt (Bedarf besteht eigentlich fast immer, denn spätestens, wenn die Nachbarn die Papageienpflanze entdeckt haben, wollen sie bestimmt auch gern eine Pflanze). Oder man nimmt vor der Reife die Früchte ab und arrangiert Papageien-Dekorationen. Die gefallen sicher nicht nur Kindern.

Es ist schon oft passiert, dass man in einer Gärtnerei nach einer Papageienpflanze fragte und zu einer Strelitzie, meist *Strelitzia reginae,* geführt wurde. Die wird nämlich auch Papageienblume oder Paradiesvogelblume genannt, weil ihre auffallenden orange-blauen Blüten dem Kopf solch exotischer Vögel ähneln.

# 55 Die Pelargonie

*Auf den zweiten Blick gar nicht langweilig*

Rot leuchtet es von den Balkonen, rot leuchtet es aus Pflanzgefäßen in den Gärten. Wie langweilig! Nicht nur in alpinen Gegenden sieht man sich an roten Pelargonien rasch satt. Dabei hat diese Pflanzenfamilie Hunderte Arten und Sorten zu bieten, abseits der simplen Rotfärbung.

Kein Zweifel: Jeder findet seine Lieblingssorte, die nicht auch in den Gärten sämtlicher Nachbarn wächst. Unter den Duftpelargonien sind die Zitrusduft verbreitenden Blätter oft vertreten. Etwas Besonderes sind *Pelargonium* ›Annsbrook Beauty‹, zwischen deren weiß geränderten Blättern sich rosa Blüten mit dunkler Mitte erheben, und die ihr ähnliche *P. crispum* ›Variegatum‹. Und wer hat schon eine an Pfefferminz erinnernde *P. tomentosum* ›Chocolate Peppermint‹ mit ganz samtigen Blättern? Oder gar *P.* x cult. ›Concolor Lace‹, die bei Berührung nach Haselnüssen riecht? Herben Duft mit einer attraktiven Blattform hat die Eichblatt-Pelargonie *P. quercifolium* ›Royal Oak‹ zu bieten. Die Wurzel der Heilpelargonie (*Pelargonium sidoides*) wird nicht nur in ihrer Heimat Südafrika unter dem Namen »Umckaloabo« als Mittel bei Atemwegserkrankungen verwendet. Mit ihren zarten, bordeauxroten Blüten und den silbrig grünen Blättern ist sie besonders hübsch. Wie wäre es mit Pelargonien mit rosenartigen, tulpenartigen und sternartigen Blüten oder großblütigen Hybriden? Vielleicht lachsfarben oder blau-lila? Zu beachten sind auch sukkulente (also in Stamm und Blättern Wasser speichernde) Pelargonien, zum Beispiel *Pelargonium xerophyton* mit weißen Blüten samt roter Flecken.

Aber: Pelargonien sind alle nicht frosthart, müssen kühl – etwa im Keller – überwintern und dürfen dann fast nicht gegossen werden. Spezialisten empfehlen: die Pflanze aus dem Topf nehmen, zurückschneiden, die Blätter entfernen, die Wurzeln in einen Plastiksack stecken und dann aufhängen, ehe sie im Frühjahr wieder gepflanzt wird.

Oft wird die Pelargonie auch Geranie genannt, was botanisch nicht exakt ist, denn zur Pflanzenfamilie der Storchschnabelgewächse (*Geraniaceae*) gehören als zwei verschiedene Gattungen die Storchschnäbel (*Geranium*) und die Pelargonien (*Pelargonium*).

# 56 Perlen der Liebe

*Von Dichtern und Bonbons*

»Dein Garten wollt ich sein zuerst / und Ranken haben und Rabatten / und deine Schönheit überschatten / damit du mit dem muttermatten / Lächeln gern mir wiederkehrst.« Die Gartengedichte von Rainer Maria Rilke (1875 – 1926) sind Generationen zu Herzen gegangen. Aus den Gartengeschichten der österreichischen Schriftstellerin Barbara Frischmuth kommt einem viel Liebe zu ihrem grünen Reich in Altaussee entgegen; egal ob sie schildert, wie sie petroleumgetränkte Lappen auf Stangen aufstellt, damit die Rehe nicht über Nacht die Rosenknospen abfressen, oder ob sie ihrer Freude Ausdruck gibt, zarte Kletterbäumchen von *Rhodochiton atrosanguineus* erfolgreich aus Samen gezogen zu haben.

Diese stammen aus Mexiko, mögen Halbschatten und werden auch Purpurglöckchen genannt, abgeleitet von ihren interessanten, glockenförmigen schwarzlila Blüten, die stark an Fuchsien erinnern. Wie diese kann man sie – nach kräftigem Rückschnitt, Übersiedlung in einen Topf und viel liebevoller Zuneigung – im Haus überwintern. Draußen vertragen sie Nachttemperaturen unter 10 Grad schlecht. Aber ihre liebevolle Neuanzucht aus Samen im Frühjahr ist ja eine freudige Herausforderung – siehe Barbara Frischmuth.

Liebe im Namen hat ein prächtiger Busch im botanischen Gartenbereich des Wiener Schlosses Schönbrunn: der Liebesperlenstrauch (*Callicarpa dichotoma*). Auch wenn im Spätherbst die Blätter schon lange abgefallen sind, bringen die Früchte in Form vieler, intensiv lila leuchtender Kügelchen Farbe in den Garten. Der Name soll sich von den kleinen bunten Zuckerbonbons herleiten, die der Süßwarenfabrikant Rudolf Hoinkis im sächsischen Görlitz erfand. Er soll seiner Frau Emilie gesagt haben, er liebe sie so wie diese Bonbons. Worauf sie als Namen für die süßen Kügelchen »Liebesperlen« vorschlug. Die *Callicarpa*-Liebesperlen dagegen sollte man nicht essen, die schlagen sich auf den Magen.

Liebe und Garten – ein Thema auch auf der Kinoleinwand: Der bezaubernde Liebesfilm »Die Gärtnerin von Versailles« (2014) schildert die Liebe zwischen einer Gärtnerin (gespielt von Kate Winslet) und dem Gartenarchitekten André Le Nôtre (gespielt von Matthias Schoenaerts).

# 57 Riesig und winzig

*Verblüffende Dimensionen lassen staunen*

Schottland, England, Frankreich und Deutschland – unterschiedliche Gärten schmücken sich mit den riesigen Blättern des Mammutblatts (*Gunnera manicata*). Wer einen spektakulären Akzent durch enorme Größe setzen will, ist bei ihr richtig.

Feuchten Boden, Wärme, Halbschatten, das liebt die Riesin. Wirklich winterhart ist sie nicht. Doch im Herbst über dem Wurzelbereich einen ordentlichen Laubhaufen zu errichten und damit das Durchfrieren des Wurzelballens zu verhindern, bringt gute Chancen, das Mammutblatt im Frühling wieder begrüßen und sich im Sommer direkt unter die enormen Blattkunstwerke stellen zu können. In dieser Jahreszeit erscheinen die kolbenartigen Blüten. Gut zweieinhalb Meter in der Höhe und vier Meter in der Breite kann die *Gunnera* mit ihren schirmartigen Blättern erreichen. Besonders wohl fühlt sie sich am Rand eines Teiches.

In Großbritannien hat die Royal Horticultural Society, die Königliche Gartengesellschaft, der eindrucksvollen Riesenpflanze die Auszeichnung »Award of Garden Merit« für ihren besonderen dekorativen Wert verliehen.

Wer eher für Miniformate schwärmt, widmet sich dem Steingarten und pflanzt das Silberkissen (*Raoulia australis*), nach seiner Herkunft auch Neuseeländischer Schafsteppich genannt. Die Pflanze bildet einen etwa zwei, drei Zentimeter hohen Teppich aus winzigen, graugrünen Blättern. Im Sommer kommen gelbgrüne Blüten hervor. Für das Betrachten im Detail empfiehlt sich eine Lupe.

Im Gartenteich oder im Aquarium lebt die kleinste Gefäßpflanze der Welt, die Wurzellose Zwergwasserlinse (*Wolffia arrhiza*). Kaum einen Millimeter ist sie groß. Sie gehört zur Familie der Aronstabgewächse, also zur selben Familie wie die Titanwurz (*Amorphophallus titanum*), welche berühmt für ihren bis zu drei Meter hohen Blütenstand und in botanischen Gärten zu bestaunen ist. Womit sich der Kreis zwischen winzig klein und riesengroß schließt.

Für kleinere Gärten: Etwas weniger riesig als die *Gunnera manicata* ist die Art *G. tinctoria*. Sie wird etwa eineinhalb Meter hoch und etwa zweieinhalb Meter ausladend. Wie eine Miniaturversion der *G. manicata* wirkt die *G. magellanica* mit einer Höhe von nur etwa einem halben Meter.

# 58 Rosen einmal anders

*Der Charme der Wilden*

Meist bleiben sie in der riesigen Menge leuchtender Rosen unbeachtet. Das ist schade! Dabei lohnt es sich, die Wildrosen ein wenig näher anzusehen, denn diese Sträucher haben beachtliche Qualitäten. Auch wenn sie fallweise seltsame Namen tragen.

Die Kartoffelrose zum Beispiel: Ihre Blätter erinnern angeblich an Kartoffelblätter. Na ja! Da klingt der botanische Name *Rosa rugosa* schon besser, lateinisch »rugosus« heißt runzelig. Dabei sind doch ihre Blüten die Attraktion. Einfach (zur Freude der Bienen!), intensiv rosa und mit starkem Duft ausgestattet. Wer eine *Rosa rugosa* ›Foxi‹ sein Eigen nennt, kann beobachten, dass sie im Frühjahr eine der ersten ist, die Blüten ansetzt, und das bis zum Herbst tut. Fallweise vergisst eine darauf, eine Bodendecker-Rose zu sein und ist dann plötzlich zwei Meter hoch. Faszinierend auch die Nelkenrose *Rosa rugosa* ›Pink Grootendorst‹. Die hat ihren Namen von den besonders hübschen Blütenblättern, die wie bei Nelken gefranst sind. In Büscheln gruppieren sich die kleinen, lachsrosa Blüten, ebenfalls ohne Unterbrechungen vom Frühjahr bis zum Herbst. Sie ist in der Pflege anspruchslos – wie die Rugosa-Rosen überhaupt.

Kein Gartenbesucher, den nicht die Wildrose *Rosa roxburghii plena* begeistert. Sie heißt auch Kastanienrose, weil ihre Knospen und Früchte ähnlich stachelig sind wie die Fruchtbecher der Kastanien. Die gefüllten rosa Blüten erscheinen zur Hauptblütezeit im Mai/Juni in solchen Mengen, dass der Strauch zur rosa Wolke wird. Sie wächst wie wild; innerhalb von drei, vier Jahren ist sie über zwei Meter hoch und braucht entsprechend Platz (wie auch die *Rugosa*-Rosen). Sie ist ganz leicht zu vermehren, denn sie schiebt immer wieder kräftige Ausläufer aus dem Boden, die sich abstechen und ziemlich problemlos verpflanzen lassen. Es empfiehlt sich auch, Exemplare in Töpfe zu setzen, denn begeisterte Abnehmer finden sich immer.

Rosen zum Fressen gernhaben, das funktioniert auch gut. Aus Hagebutten Marmelade machen. Oder Rosenblätter zur Abrundung des Geschmacks verwenden; dazu eignen sich alle echten Rosen, Wildrosen wie Kulturrosen. Die Wildrosen bieten besonders viel Aroma.

# 59 Die Rosenprüfung

*Keine Chance für Sternrußtau und Rosenrost*

Sie heißt »Lichtkönigin Lucia«. Ihre Blüten leuchten gelb und ihre Blätter in glänzendem Grün, und zwar in der ganzen Vegetationsperiode, ohne ein Fleckchen Sternrußtau oder Rosenrost. Kein Wunder, denn sie ist eine ADR-Rose. Das bedeutet: Die Sorte hat die Allgemeine Deutsche Rosen-Neuheiten-Prüfung bestanden. Jedes Jahr werden von Rosenzüchtern neue Sorten zu dieser Prüfung eingereicht. In elf Gärten – an ganz unterschiedlichen Standorten quer über Deutschland verteilt – wird drei Jahre lang von Experten beobachtet, wie sich eine Rose ohne Behandlung mit Pflanzenschutzmitteln entwickelt. Aber nicht nur die Widerstandsfähigkeit gegenüber Blattkrankheiten steht zur Beurteilung an, auch Kriterien wie Blüte, Duft, Wuchsform und Winterhärte. Nur die gesündesten und widerstandsfähigsten Rosen bekommen von einer Prüfungskommission das Zertifikat und der Züchter damit den Nachweis, dass er Bestes geleistet hat. Denn schließlich gilt die ADR-Prüfung als die strengste der Welt. Jedes Jahr werden höchstens 50 Sorten aus ganz Europa geprüft. Aber einmal ADR-Rose heißt nicht immer ADR-Rose. Ältere Sorten werden immer wieder kritisch untersucht und bei einer Veränderung ihrer Eigenschaften wird notfalls das Prädikat aberkannt.

Es war 1950, als der ADR-Arbeitskreis gegründet wurde – eine Gruppe aus Vertretern des Bundes deutscher Baumschulen, der Rosenzüchter und unabhängiger Fachleute. Der Rosenzüchter Wilhelm Kordes II. (1891–1976) ist der Vater der ADR-Prüfung. Ihm war es ein besonderes Anliegen, ein klares Kriterium für die Rosenqualität zu schaffen, gleichermaßen interessant für die Züchter wie für die Kunden. Bis heute ist die 1887 gegründete Rosenfirma der Familie Kordes, heute »W. Kordes' Söhne«, einer der renommiertesten Züchterbetriebe und hat mehr als 600 Rosensorten in den Handel gebracht. Ein erheblicher Teil davon hat die ADR-Prüfung erfolgreich bestanden.

ADR-Koordinator Burkhard Spellerberg, Bundessortenamt, Osterfelddamm 80, 30727 Hannover, www.bundessortenamt.de; W. Kordes' Söhne Rosenschulen, Rosenstraße 54, 25365 Klein Offensetz-Sparrieshoop, www.rosen.de.

# 60_Schachblume & Co.

*Die spannende Welt der Fritillarien*

Eine lila Blüte mit der feinen Zeichnung eines Schachbrettes – das gibt der Blume den deutschen Namen: Schachblume oder auch Schachbrettblume. Ihr botanischer Name *Fritillaria meleagris L.* ist noch interessanter: Fritillus heißt der Würfelbecher auf Lateinisch. Was sich auf die Blütenform bezieht. Und das Wort meleagris steht für ein Perlhuhn, dessen Federkleid der Zeichnung der Blüte ähnelt. Das befand jedenfalls der schwedische Botaniker Carl von Linné (1707–1778), der die Art erstmals beschrieb. Worauf wiederum das »L.« im lateinischen Namen der Schachblume hinweist. Dieses L findet sich nicht nur in diesem Namen, denn Linné als Begründer der Systematik und Nomenklatur der Botanik hat viele Pflanzen erstmals beschrieben und über sich selbst gesagt: »Gott schuf, Linné ordnet«.

Als Wildpflanze ist die Schachblume in Deutschland und Österreich gefährdet und geschützt. Für Gärten findet das zarte Gewächs vorrangig bei Spezialisten die ihr gebührende Aufmerksamkeit, obwohl sie als Zuchtpflanze von Gärtnern durchaus angeboten wird. Da findet sich unter den lila Blühenden auch eine weiße Sorte namens ›Alba‹. Die *Fritillaria meleagris* hat mehr als 100 Schwestern. Sehr hübsch zweifärbig (lila und gelb) blüht die *F. michailovskyi*. Pompös prangt die Kaiserkrone (*F. imperialis*) in Gelb oder Orange; eine traditionsreiche Gartenpflanze. Um sie rankt sich die Legende, sie habe bei der Kreuzigung Christi verweigert, ihr Haupt zu beugen, sich vor Scham rötlich gefärbt und dann zu weinen begonnen. Deshalb ist der persische Volksname der Kaiserkrone »Tränen Marias«. Das bezieht sich auf die Nektartropfen, die sich am Grund der Blütenblätter bilden.

Apropos Persien: Eine besondere und rare Schönheit ist die Persische Kaiserkrone (*F. persica*). Menschen zieht sie mit ihren faszinierenden dunkelvioletten Blütenglocken magisch an, Maulwürfe und Wühlmäuse vertreibt sie – angeblich.

In Großbritannien sammeln sich begeisterte Fans der Fritillarien in »The Fritillaria Group«, einer Vereinigung, die im Internet Informationen ohne Ende über die vielen Fritillaria-Arten bietet, www.fritillaria.org.uk.

# 61 Der Schatten

*Zone der Freude statt dunkler Ödnis*

Es grünt so grün … Keine Rede davon, dass im Schatten triste Ödnis herrschen muss. Und keine Rede davon, dass es immer dieselben Hostas und Farne sein müssen, die diese Ödnis aufhellen. Die überhängenden Triebe des Salomonssiegels (*Polygonatum*) – benannt nach dem alttestamentarischen König – mit ihren weiß-grünen Blütenglöckchen zum Beispiel bringen heiteres Leben in dunkle Ecken. Wenn etwa das Große Salomonssiegel (*Polygonatum commutatum*) oder die duftende Art *P. odoratum* unter Gehölzen sprießt, wird dieser Bereich rasch zur Zone der Freude.

Unter den unzähligen Efeu-Varianten fällt einer auf, dem es gar nicht nach Klettern zumute ist: Der Strauch-Efeu *Hedera helix* ›Arborescens‹ wird, wenn man ihn lässt, ein bis zu zwei Meter hoher, freistehender Busch. Immergrün, winterhart – schon ist eine finstere, nordseitige Fläche bestens verborgen.

Umgekehrt gibt es bei den zahlreichen Hortensienarten, die sich normalerweise als Sträucher hoher Beliebtheit erfreuen, auch eine, die sich für den Drang nach oben entschieden hat: Die Kletter-Hortensie (*Hydrangea petiolaris*) klammert sich mit ihren Haftwurzeln an allem fest, was ihr unterkommt, um in die Höhe zu ranken, nicht sehr schnell, aber doch. Ihre weißen Blüten mag sie jedoch erst nach ein paar Jahren zeigen.

Wenn es doch nicht ganz ohne Funkien (*Hosta*) gehen soll: Abgesehen von den vielen grünen, Weißrand-, Gelbrand- oder Blaublatt-Hostas in üblichen Größen ließe sich ein Auge auf die Riesen werfen. Es muss ja nicht gleich die größte Funkie der Welt *Hosta* x *cultorum* ›Empress Wu‹ sein: in den USA gezüchtet, bis zu 150 Zentimeter hoch mit Blättern, die einen halben Meter lang werden können. Die Riesen-Weißrand-Funkie (*H. crispula*) mit ihren gut 90 Zentimeter Höhe ist auch schon ein Ereignis. Für kleine Gärten vielleicht ein paar Mini-Hostas? Die lassen sich in Schalen zu schönen, mehrfarbigen Gruppen zusammenfügen.

Weil die Funkien zu den Lieblingsspeisen der Schnecken zählen: Es gibt bereits verschiedene Züchtungen, die den schleimigen Fressfeinden offenbar weniger behagen. Im Prinzip gilt: je dicker und härter die Hosta-Blätter, desto geringer die Gefahr. Übrigens: Auch das Salomonssiegel bedarf des Schneckenschutzes.

# 62 Schwarz und weiß

*Keine Farbe als faszinierende Färbung*

Im klassischen Sinn sind Schwarz und Weiß keine Farben, im Farbkreis gibt es sie nicht. Die verschiedenen kulturellen Traditionen geben ihnen höchst unterschiedliche Bedeutungen. In Europa steht Schwarz für Trauer und Tod, in Afrika für Wiedergeburt, in China für Reinheit. Das Reine wiederum verbindet Europa mit dem Weiß.

Pflanzen mit schwarzen Blättern oder Blüten werden im Garten meist wenig geschätzt. Zu Unrecht. Denn sie lassen optische Eleganz entstehen; speziell in Kombination mit weiß Blühendem entsteht die Wirkung von kühler Moderne. Ein paar Beispiele: Im Staudenbeet ist die schwarze hohe Bart-Iris (Iris-Barbata-Elatior-Hybride ›Black Suited‹) eine Pracht. Die schwarze Tulpe *Tulipa* ›Queen of Night‹ wetteifert mit ihrer Schwester *Tulipa* ›Black Hero‹ um Beachtung. Schwarz ist auch bei Kletterpflanzen attraktiv. Hat man die Italienische Waldrebe *Clematis viticella* ›Black Prince‹ einmal über eine Pergola ranken gesehen, will man sie nicht missen. Für Balkonkästen bieten sich die schwarze Petunie *Petunia* ›Black Velvet‹ und das Horn-Veilchen *Viola cornuta* ›Molly Sanderson‹ an.

Begeisterung auf den ersten Blick löst die Edelrose ›Black Baccara‹ aus. Ihre samtigen Blüten sind nicht ganz, aber fast schwarz und von mystischer Schönheit. Sie ruft förmlich nach edlen weißen Begleitpflanzen, etwa dem weißen Lavendel *Lavandula angustifolia* ›Arctic Snow‹.

Wie wunderbar weiß allein sein kann, zeigt der berühmte Garten des englischen Schlosses Sissinghurst. Gemeinsam mit ihrem Mann schuf dort die Schriftstellerin Vita Sackville-West, lange Zeit auch Geliebte ihrer Schriftstellerkollegin Virginia Woolf, ab 1930 eine mehrteilige Anlage. Ihren »Weißen Garten« pflanzte sie nach 1950: »ein niedriges Meer aus grauen Laubbüscheln durchbohrt von hohen weißen Blumen«. Nur weiß, grün, grau und silbern darf es bis heute dort schimmern. Zur Nachahmung stets empfohlen!

Auch im Gemüsegarten muss man auf Raritäten in schwarz nicht verzichten: Schwarze Tomaten wie *Lycopersicon esculentum* ›Indigo Rose‹ erregen ebenso Aufsehen wie der schwarze Paprika *Capsicum annuum* ›Mavras‹. Die sind in ihrer Jugend schwarz, in der Reife werden sie intensiv rot. Und außerdem vielleicht die weiße Aubergine *Solanum melongena* ›Snowy‹?

# 63__Sonnenkinder

*Besondere Hüte, Bräute und Augen*

Die Sonne strahlt nicht immer goldgelb. Muss bei den Sonnenkindern im Beet auch nicht sein. Arten und Sorten bieten ansprechende Varianten. Sonnenstimmungen nachempfinden, das geht! Ganz klassisch unterstützen die verschiedenen Arten des Sonnenhutes aus der Gattung der *Rudbeckia* durch ihre knallgelben Strahlenblüten mit dem dunklen Blütenkörbchen in der Mitte noch weit in den Herbst hinein die Sommergefühle im Garten. Aber Sonnenhut ist nicht gleich Sonnenhut. Denn auch *Echinacea purpurea* wird so genannt: der Purpur-Sonnenhut. Von ihm sind außer den meistverbreiteten mit purpurroten Blütenfarben auch elegant blasse Sorten – *E. purpurea* ›Alba‹ zum Beispiel oder ›White Swan‹ – zu entdecken, so wie die Sonne bei Dunst und Nebel ja auch dezent milchig weiß hervorlugt. Noch eine Spur edler wirken die leicht grünlichen Blüten der *E. purpurea* ›Green Jewel‹, tatsächlich ein ungewöhnliches Juwel. Intensiver grün präsentiert sich ›Sunseekers Apple Green‹.

In stetig änderndem Rot changiert die Sonne, wenn sie untergeht. Mit den prächtigsten Rot- und Kupfertönen können das die Sorten der Sonnenbraut (*Helenium*) widerspiegeln. Es war der deutsche Staudenzüchter Karl Foerster, der zwischen 1936 und 1968 insgesamt 73 Helenium-Sorten züchtete. Etwa 20 davon sind noch erhältlich, zum Beispiel das intensiv kupferrote ›Rotkäppchen‹ oder ›Königstiger‹, bei dem das Kupferrot der Blütenblätter von einem zarten gelben Rand eingefasst ist; übrigens Foersters Lieblingssorte.

Solche Rottöne hat das Sonnenauge (*Heliopsis*) zwar nicht zu bieten, aber außer den intensiv gelben Sorten fallen zweifarbige Blüten auf, die in der Mitte rot und außen gelb getönt sind, zum Beispiel bei den Sorten ›Burning Hearts‹ und ›Funky Spinner‹. Um bei unseren Sonnenbeobachtungen zu bleiben: Hier ist in einer Blüte vom Sonnenschein des Tages bis zum Rot des Sonnenuntergangs alles vereint.

Die Sonnenkinder mögen Begleitung. Wie wär's mit Ziergräsern oder farblich abgestimmten Astern? Oder vielleicht die Vanilleblume, violett und intensiv duftend? Die trägt übrigens auch die Sonne (griechisch helios) im botanischen Namen: *Heliotropium arborescens*.

# 64 Stachelig mit Nutzeffekt

*Die Disteln nur nicht unterschätzen!*

Zwei Disteln. Die eine gehört zur Familie der Korbblütler (*Asteraceae*), die andere zur Familie der Doldengewächse (*Apiaceae*). Wie geht das? Ganz einfach! Distel ist kein botanischer Name, sondern eine Sammelbezeichnung für verschiedene stachelige Pflanzen. Sie verdienen Beachtung, sonst hätte wohl der Bund deutscher Staudengärtner im Jahr 2019 »die Distel« nicht zur Staude des Jahres gewählt.

Die Mariendistel (*Silybum marianum*) gehört zu den Korbblütlern und wurde schon in der Antike als Heilpflanze genutzt. Ihren Namen hat sie von der Legende, dass der Mutter Gottes beim Stillen Milch auf die Blätter getropft und deshalb die typische weiße Maserung der Blätter entstanden sei. Jeder, der seiner Leber etwas besonders Gutes tun will oder muss, kennt Präparate auf Basis der Mariendistel. Weil man aus ihren Samen leicht selbst einen Tee aufgießen kann, der Verdauungsbeschwerden bekämpft, ist sie auch für den eigenen Garten eine gute Idee – einmal abgesehen von der Tatsache, dass die lila Blüte und die Blätter ein Beet visuell aufwerten. Aus den getrockneten Blütenköpfen lassen sich die Samen herausklopfen und in einem verschlossenen Gefäß aufbewahren – bis zum nächsten Bauchschmerz. 2021 war die Mariendistel in Österreich »Heilpflanze des Jahres«.

Eine optische Wohltat sind die verschiedenen Vertreter der Gattung Mannstreu (*Eryngium*). Diese »Edeldisteln« sind Doldengewächse. Als Aphrodisiakum taten ihre Wurzeln in der Vergangenheit Gutes, daher der Name. Blätter und Blüten fallen durch schönes Stahlblau auf, das bei den diversen Arten unterschiedlich intensiv ist. *Eryngium alpinum* etwa ist eine Alpenpflanze, *E. bourgatii* stammt aus den Pyrenäen, *E. maritimum* heißt die Stranddistel. Besonders attraktiv im Staudenbeet macht sich die Hybridsorte *Eryngium* x *zabelii* ›Big Blue‹, eine Kreuzung aus *E. alpinum* und *E. bourgatii*. Ihr Blau ist leuchtender als das der anderen.

Sollte sich eine ungebetene Distelart wie die Acker-Kratzdistel (*Cirsium arvense*) im Garten ausbreiten, hilft – weil wir Gift vermeiden wollen – nur das Ausstechen; am effektivsten nach dem Regen. Zwar wird vermutlich die Pflanze aus einem verbleibenden Rhizomstück wieder austreiben, aber wenn man mit dem Wurzelstecher konsequent bleibt, gibt sie irgendwann auf.

# 65 Die Stockrose

*Je bunter desto besser!*

Entlang eines Zaunes oder einer Hauswand, mittendrin im Gemüse – Stockrosen braucht nicht nur der klassische Bauerngarten. Die Gewöhnliche Stockrose, eine von etwa 60 Arten der Gattung *Alcea*, ist keinesfalls gewöhnlich, sondern in all ihrer Popularität doch exquisit. *Alcea rosea* zählt zu den schönsten in der Familie der Malvengewächse (*Malvaceae*), pflegeleicht und zweijährig. Wer sie im Frühjahr oder im Herbst säht, sieht im ersten Jahr am Boden einen kräftigen Blätterkranz erscheinen. Im zweiten Jahr sprießen die im besten Fall etwa zwei Meter langen Stiele mit den Blüten.

Um sie lieben zu lernen, genügt ein Blick auf die Fülle ihrer Farben. Sie ziehen alle Blicke auf sich, besonders wenn viele verschiedenfarbige nebeneinander wachsen dürfen. So bunt, fröhlich und abwechslungsreich! Dabei entwickelt jeder Fan seine eigenen Vorlieben. Zum Beispiel für Arten und Sorten, bei denen der Schlund des Blütenkelchs anders gefärbt ist als der äußere Teil: Die gelbe *A. rosea* ›Sunshine‹ mit dunkelrotem Blütenzentrum, die weiße *A. rosea* ›Polarstar‹ und die fast schwarze *A. rosea* ›Nigra‹ mit gelbem Schlund.

Sehr interessant sind auch die Varianten der Feigenblättrigen Stockrose (*Alcea ficifolia*), die zum Beispiel in prächtigem Kirschrot mit gelbem Herzen oder in Weiß mit hübsch gefransten Blütenblättern auffallen. Wunderschön, aber weniger bienenfreundlich und oft heikler als die einfach blühenden sind die Sorten der *Alcea rosea plena* mit den gefüllten Blüten.

Wenn eine Stockrose auch nach mehr als zwei Jahren noch gut wächst, kann das verschiedene Gründe haben: Entweder sie fühlt sich an ihrem Platz besonders wohl und kann mit ihrer tiefen Pfahlwurzel alles aus dem Boden holen, was sie braucht. Oder sie hat sich einfach selbst neu angesät, wenn nämlich im Herbst die verblühten Stiele stehen gelassen wurden und die reifen, trockenen Samen neben der Mutterpflanze zu Boden fallen konnten.

Die Malvengewächse haben auch sonst hübsche Repräsentanten. Für das Staudenbeet zum Beispiel die Wilde Malve (*Malva sylvestris*), eine beliebte Heilpflanze. Oder für die gemischte Hecke der Strauch-Eibisch (*Hibiscus syriacus*), der mehr als drei Meter hoch werden kann und bis zum Herbst seine Blütenfülle entwickelt.

# 66_Täuschende Namen 1

*Die Goldmelisse ist gar keine Melisse*

Ihr leuchtendes Rot ist eine wahre Freude in jedem sonnigen Blumenbeet: Die Goldmelisse wächst auf kräftigen Stängeln in Horsten, problemlos wird sie gut einen Meter hoch. Die prächtigen Blüten sind von Juni bis September zu bewundern. Sie erinnern ein wenig an Quirl oder Federbüschel und sind bei vielen Insekten überaus beliebt. Wenn man die Blätter reibt, entwickelt sich ein leichter Zitrusduft.

Aber: Die Goldmelisse ist keine Melisse und auch keine Nessel, wie der zweite gebräuchliche Name »Indianernessel« glauben macht. Ein Ausflug in die Pflanzenkunde klärt auf: Zur Pflanzenfamilie der Lippenblütler (*Lamiaceae*) gehören etwa 230 Gattungen. Eine davon sind die Melissen. Zu diesen gehört die Zitronenmelisse (*Melissa officinalis*) zwar dazu, nicht aber die Goldmelisse. Eine weitere Gattung der *Lamiaceae* ist die der Taubnesseln (*Lamium*). In Sachen Indianernessel auch bei dieser Gattung: Fehlanzeige! Und auch die Familie der Brennnesselgewächse (*Urticaceae*) ist mit der Familie der Lippenblütler nicht verwandt. Aber zu den *Lamiaceae* gehört auch die Gattung *Monarda* und … Treffer! Die Goldmelisse gehört hierher. Sie heißt *Monarda didyma*. Etwa 20 attraktive Schwestern hat sie, zum Beispiel die purpurfarbene Rosenmonarde *Monarda fistulosa* x *tetraploid*, deren Blätter zart nach Rosen duften.

Der eingebürgerte Sprachgebrauch hat also manchmal gar nichts mit der botanischen Systematik zu tun. Der Name *Monarda* leitet sich übrigens von dem spanischen Arzt und Botaniker Nicolás Monardes ab, der im 16. Jahrhundert verschiedenste Pflanzen sammelte und ihre Heilwirkung erforschte. Die Bezeichnung Indianernessel beruht auf der Tatsache, dass Indianer in Nordamerika die Blätter traditionell als Heil- und Teekraut verwenden. Was sich genauso in unseren Breiten empfiehlt angesichts der Wirkung gegen Kopfschmerzen, Erkältung und Fieber, aber auch bei Verdauungsbeschwerden.

Aus den Blütenblättern der Goldmelisse lässt sich ein köstlicher Sirup kochen (gut zwei Hand voll Blütenblätter, ein Liter Wasser, ein Kilogramm Zucker, etwas geriebene Zitronenschale). Der ist nicht nur mit Wasser vermischt ein erfrischender Sommer-Drink. Ein wenig davon in ein Glas Sekt und ein ganz besonderer Aperitif ist fertig!

# 67 Täuschende Namen 2

*Keine Erdbeeren, keine Orangen*

Wenn Optik oder Duft über deutsche Pflanzennamen entscheiden, führt das leicht in die Irre. Macht aber nichts, denn ungewöhnliche Gewächse sind auf ihre Art besonders interessant, wie an zwei Beispielen deutlich werden soll.

Wer sich einen Westlichen Erdbeerbaum (*Arbutus unedo*) pflanzt, tut das meist weniger, um die Früchte zu essen (obwohl das geht), sondern ihres Aussehens wegen. Er könnte auch Litschi-Baum heißen, denn die Früchte sehen mit ihrer noppigen Haut wie diese chinesischen »Liebesfrüchte« aus. Sie sind aber, wenn sie reifen, erst gelb und dann knallrot, was dann die Erdbeeren im Namen rechtfertigt. Im trüben Herbst ist sie eine echte Augenfreude, auch weil dann neben den Früchten die hellen, glockenförmigen Blütendolden erscheinen.

Als Baum oder Strauch wachsend ist der Erdbeerbaum zwar eine mediterrane immergrüne Pflanze, aber ziemlich winterhart. Bis -15 Grad kann er durchhalten, wenn diese Kälte nicht sehr lang andauert und Laub den Wurzelbereich sowie eventuell ein Vlies die Krone abdeckt. Übrigens: Der Erdbeerbaum ziert das Stadtwappen von Madrid gemeinsam mit einem Bären, im Mittelalter Symbol für die Einigkeit von Klerus und Adel.

Der Name der Orangenblume (*Choisya ternata*) täuscht gleich doppelt: Erstens hat sie nichts mit den echten Orangen zu tun, ihre Blüten duften aber ähnlich und erinnern auch optisch an die von Zitrusfrüchten. Zweitens ist es nicht einfach eine Blume, sondern ein Strauch. Auch die länglichen Blätter duften aromatisch, wenn man sie zwischen den Fingern reibt. Gute Voraussetzungen also für die Terrasse, wo die Orangenblume erfolgreich die Rolle einer feinen, nicht alltäglichen Topfpflanze spielt. Sie ist aber sehr durstig und liebt Regenwasser. Die Zuchtsorte *Choisya ternata* ›Aztec Pearl‹ hält Kälte besser aus, ist also tauglich für einen Versuch des Auspflanzens mit entsprechendem Winterschutz.

Immer diese Namen! Wussten Sie, dass die hübsche Kuhschelle (*Pulsatilla vulgaris*) in manchen Gegenden (vor allem Österreichs) auch »Arschcucke« genannt wird? Aber dass eine Fetthenne (*Sedum*) kein wohlbeleibtes Huhn ist, sondern ein Vertreter der Dickblattgewächse (*Crassulaceae*), hat sich hingegen herumgesprochen.

# 68 Das Veilchen

*Geliebt, nicht nur von adeligen Damen*

Wie tut es den Augen wohl, im März das erste Veilchen zu entdecken! Meist unterscheiden wir nicht, sollten wir aber, denn Veilchen ist nicht gleich Veilchen. Spezialisten wissen von mehr als 500 Arten der *Viola*, die rund um die Welt blühen. Das Duftveilchen (*Viola odorata*) und das duftlose Hundsveilchen (*Viola canina*) zieren in Europa seit der Antike freie Natur und Gärten.

»Ach! Denkt das Veilchen, wär' ich nur die schönste Blume der Natur, ach, nur ein kleines Weilchen, bis mich das Liebchen abgepflückt und an dem Busen matt gedrückt.« So schrieb Goethe im Jahr 1774 in seinem Veilchengedicht. In Mode waren Veilchen im Laufe der Geschichte immer wieder, besonders im 19. Jahrhundert, bei den Bürgern genauso wie beim Adel. Viele neu gezüchtete Sorten mit gefüllten Blüten fanden ihre Fans in Herrscherhäusern.

Wer beschließt, die Welt der Veilchen näher zu erforschen, gerät ins Staunen, was bis heute in botanischen Gärten und spezialisierten Gärtnereien zu finden ist. Die duftende *Viola* ›Marie Louise‹ trägt ihren Namen nach Marie Louise von Österreich, der zweiten Ehefrau Napoleons. Sie war fanatische Veilchen-Liebhaberin. Als Herzogin von Parma lebte sie viele Jahre in dieser oberitalienischen Stadt. Durch sie kamen die Parma-Veilchen zu ihrem Ruhm. Ob diese zu der Art *Viola odorata*, *Viola suavis* oder *Viola alba* gezählt werden, darüber haben Botaniker unterschiedliche Meinungen. Doch die Bewunderung für die duftenden, gefüllten Blüten in den verschiedensten Tönen von lila bis weiß ist geblieben, außer bei ›Marie Louise‹ auch in den Varianten ›Parma de Toulouse‹, ›Conte di Brazza‹, ›Di Udine‹ oder ›Hopley's White‹, um einige besonders schöne Beispiele zu nennen.

Es verwundert gar nicht, dass Sisi, Kaiserin Elisabeth von Österreich, ganz verrückt war auf Veilchensorbet und kandierte Veilchenblüten, die bis heute in Wiener Konditoreien wie dem berühmten Demel erzeugt werden.

Zur Gattung der Veilchen (*Viola*) gehören auch das Horn-Veilchen (*V. cornuta*) und das Garten-Stiefmütterchen (*V. wittrockiana*). Auch wenn Horn-Veilchen im Allgemeinen kleinere Blüten haben als Stiefmütterchen, sind sie oft nicht auf den ersten Blick zu unterscheiden. Der Name Stiefmütterchen soll sich auf die Kronblätter beziehen: Die beiden oberen sind die Stieftöchter, die beiden seitlichen die Töchter und das große untere Kronblatt ist die Mutter.

# 69 Die Verbene

*Blütenwolken auf langen Stielen*

Nicht jede Neuerung im Garten macht gleich viel Freude. Jedoch löst es zweifellos Begeisterung aus, ein Beet in der Sonne ausschließlich der Verbene *Verbena bonariensis* zu widmen, auch Patagonisches oder Argentinisches Eisenkraut genannt (*bonariensis* kommt von »Buenos Aires«). Gartenfreunde können jubeln über die vielen Blütendolden in kräftigem Lila auf dem dichten, überaus malerischen Gewirr aus bis zu zwei Meter langen, standfesten Stielen. Aber auch Schmetterlinge können nicht genug von diesen Verbenen bekommen und schlürfen stundenlang den Nektar der Blüten. Besonders die Segelfalter (*Iphiclides podalirius*), sonst gar nicht so häufig zu entdecken, und die Taubenschwänzchen (*Macroglossum stellatarum*) erklären ein Verbenenbeet mit Begeisterung zu ihrem Besitz. Auch wenn sich Verbenen gut in gemischten Beeten machen: Ein Platz nur für sie allein zieht besondere Aufmerksamkeit auf sich.

Die prächtige *Verbena bonariensis* ist einfach zu pflegen. Sie hält nicht viel davon, eine einjährige Pflanze genannt zu werden. In der Frage der Bodenqualität ist sie nicht heikel. Ein bisschen Kompost im Frühjahr mag sie jedenfalls gern. Krankheiten kennt sie nicht. An sehr trockenen Sommertagen wird sie morgens gewässert. Eine dicke Mulchschicht zum Abdecken im Herbst bewährt sich. Die Blütenstängel werden zuvor in Bodennähe abgeschnitten, so kommen die Pflanzen meist gut durch europäische Winter. Im Frühjahr beginnen die Verbenen frisch auszutreiben, um sehr bald und den ganzen Sommer bis weit in den Herbst hinein zu blühen.

Sollte die Verbene den Winter doch nicht überleben, dann hat der Gärtner hoffentlich vorgesorgt und im Herbst etwas von den winzigen Samenkörnern eingesammelt. Das Aussäen besorgt die Blume aber gern selbst. Wer Verblühtes auf den Kompost legt, dem droht bei dessen späterer Verwendung eventuell im Gemüsegarten eine dort unerwünschte Verbenen-Plantage.

Die *Verbena bonariensis* hat viele Schwestern. Ein Eckchen im Blumenbeet wäre für die rosafarbene Sorte *V. hastata* ›Pink Spires‹ zu reservieren. Sie ist ebenso winterhart wie das Echte Eisenkraut (*V. officinalis*), das für kosmetische Produkte verwendet wird.

# 70 Wenn es dunkel wird

*Blüten für idyllische Abendstunden*

Es dämmert, der Igel trippelt herum, Fledermäuse beginnen zu kreisen, die Nachtfalter werden munter, das Taubschwänzchen – der Kolibri unter den Insekten – setzt seinen Eifer von tagsüber fort und steckt seinen langen Saugrüssel in die Blüten, die er im Dunkel entdeckt. Manche Blume erwacht erst jetzt zu voller Schönheit. Also: eine Bank in die Nähe der Nachtblüher stellen und dort beobachten und schnuppern.

Die Gemeine Nachtkerze (*Oenothera biennis*) faltet ihre gelben Blüten nun langsam auf. Sie duftet zart, nicht nur zur Freude des Gartenbesitzers, der die blaue Stunde in ihrer Nähe genießt, sondern auch zur wahren Begeisterung der Nachtfalter. Sie samt sich ganz leicht aus und verteilt so problemlos ihre Nachkommen von Garten zu Garten und hinaus an den Straßenrand. Auch die Wunderblume (*Mirabilis jalapa*) öffnet ihre rot, rosa, weiß und gelb leuchtenden Blüten mit dem schwindenden Tageslicht und beginnt zu duften. »Bella di notte« (Schöne der Nacht) wird sie in Italien genannt. Ihre großen, schwarzen Samen schenkt sie großzügig der Umgebung. Ein Spektakel ist es, die Mondwinde (*Ipomoea alba*) über ein Gitter ranken zu lassen. Ihre etwa 15 Zentimeter großen weißen, duftenden Blüten öffnet sie im Dunkeln sehr rasch. Wenn der Nachtphlox (*Zaluzianskya capensis*) – auch Sternbalsam genannt – seine weißen Blüten aufgehen lässt, riechen sie intensiv nach Mandeln.

Apropos weiße Blüten: Den Weg zum nächtlichen Beobachtungsposten Gartenbank kann man mit weiß- oder nachtblühenden Pflanzen und solchen mit silbrig-grünem Laub einfassen. Sie markieren dann bei Nacht dessen Verlauf wie eine schwache Beleuchtung, denn der geringste Lichtstrahl – auch des Mondes – wird reflektiert. Dazu eignet sich besonders gut eine Rarität: die weiße Sommerhyazinthe (*Galtonia candicans*), deren bis zu einem Meter hohe Blütenkerzen sich bei Tag und Nacht wunderbar von der Umgebung abheben.

Wer Glühwürmchen / Leuchtkäfer im Garten fliegen sehen will, braucht Sträucher und / oder hohes Gras, wo sie sich ansiedeln und tagsüber aufhalten können, aber auch freie Flächen, auf denen sie am Abend für Stimmung sorgen.

# 71 Winterfreuden

*Ein bisschen zartes Gelb tut gut*

Wenn weiße Schneemützchen leuchten oder der Raureif die Stauden mit malerischen Stacheln überzieht, kann man den Gartenwinter mögen. Wenn nicht? Wenn alles grau in grau im Nebel steht? Dann tut ein bisschen Farbe gut. Einige Winterblüher sind ja durchaus bekannt: Der Winterjasmin (*Jasminum nudiflorum*) malt – wenn es nicht allzu frostig ist – schon um Weihnachten seine gelben Blütenornamente. Dass die Chinesische Zaubernuss (*Hamamelis mollis*) mit ihren gelben Blüten selbst im Januar bezaubert, hat sich herumgesprochen. Ihre Schwester, die Japanische Zaubernuss (*Hamamelis japonica*), mit noch zarteren, sich kräuselnden Blütenblättern tut es ihr gleich. Beide halten blühend durch, bis ins Frühjahr hinein. Nicht nur Farbe haben sie zu bieten, auch zarten Duft. Ungewöhnlicher ist die Hybrid-Sorte *Hamamelis* x *intermedia* ›Diane‹, denn sie blüht in einem warmen Rot.

Erstaunlicherweise deutlich weniger beachtet wird die Chinesische Winterblüte (*Chimonanthus praecox*). Fallweise wird sie mit der Zaubernuss verwechselt; sie gehört jedoch nicht zur Familie der Zaubernussgewächse (*Hamamelidaceae*), sondern zu den Gewürzstrauchgewächsen (*Calycanthaceae*). Kein Wunder also, dass ihre gelben Blüten mit der dunklen Mitte herrlich nach Zimt und Vanille duften – ein viel intensiverer Duft als jener der Hamamelis. Vor der Blüte werden die Blätter abgeworfen. Mit ein paar duftenden Zweigen in einer Vase ist ein trüber Wintertag leicht vergessen. In Japan werden sie als Glücksymbol in den Wohnungen aufgestellt.

Im Unterschied zur Zaubernuss wächst die Winterblüte von Anfang an rasch und wird schnell ein stattlicher Strauch. Mit regelmäßigem Schnitt nach der Blütezeit ist sie gut in der jeweils passenden Größe zu halten. Aber bitte berücksichtigen: Sie blüht am zweijährigen Holz. In der chinesischen Medizin werden Rinde und Wurzeln der Winterblüte gegen Rheuma und Grippe eingesetzt.

Die Winterblüte (*Chimonanthus*) als Gewürzstrauchgewächs hat einen interessanten sommerblühenden Verwandten: den Gewürzstrauch (*Calicanthus*). Besonders attraktiv – weinrot und zart nach Zimt duftend – ist die Hybrid-Sorte *Calycanthus* x *Raulstonii* ›Aphrodite‹.

# 72 Die Wolfsmilch

*Sehenswerte Vielfalt in Form und Farbe*

Jeder kennt sie, die Garten-Wolfsmilch (*Euphorbia peplus*), die als Unkraut, nein, wir sagen als brave Gärtner besser Beikraut, meist dort sprießt, wo man sie am wenigsten braucht. Aber sie hat durchaus sehenswerte Verwandte, die mehr Beachtung verdienen. Zweifel an der Wolfsmilch als attraktives Angebot? Die sind unangebracht! Klarerweise erscheinen zunächst einmal jene Arten vor dem geistigen Auge, die mit ihren Blüten hübsche gelb-grüne Akzente setzen können, beispielsweise die Strauchige Wolfsmilch (*Euphorbia characias*). Oder die Sumpf-Wolfsmilch (*E. palustris*), die gern feuchte Füße an Teich- oder Bachufern hat.

Rare Varianten gefällig? »Nehmen Sie diese Pflänzchen und setzen Sie sie dorthin, wo Wühlmäuse zu vertreiben sind!« So lenkt ein Kundiger die Aufmerksamkeit auf die Kreuzblättrige Wolfsmilch (*Euphorbia lathyris*). Die unterirdischen Nager mögen ihre Nähe tatsächlich nicht und wandern aus. Diese Wolfsmilch wächst als auffallende Einzelpflanze mit kreuzweise an den Stängeln angeordneten Blättern. Mehr als einen Meter hoch kann sie werden. Sie sucht sich ihre Standorte für das nächste Jahr selbst aus, denn aus ihren reifen Samenkapseln schießt sie die Samen weit durch den Garten. Aber immerhin hat sie nichts dagegen, als Jungpflanze versetzt zu werden. Sie kann schließlich nicht wissen, wo die nächste Wühlmausgefahr droht.

Die Wolfsmilcharten mit mehrfarbigen Blättern verdienen besonderes Augenmerk, egal ob als Einzelpflanze im Vorgarten oder umrahmt im Staudenbeet. Die mehrjährige *Euphorbia polychroma* ›Ascot Rainbow‹ wird wie eine Staude etwa einen halben Meter hoch und hat hellgrüne Blätter mit cremefarbenen Rändern zu bieten. *E. amygdaloides* ›Frostet Flame‹ übertrumpft dies mit zusätzlichen Rot-Schattierungen. Je kühler es wird, desto intensiver treten diese hervor. *E. amygdaloides* ›Purpurea‹ erfreut das Auge überhaupt mit dunkelroten Blättern.

Die berühmtesten Wolfsmilcharten für »indoor« sollen hier auch erwähnt werden: der Weihnachtsstern (*Euphorbia pulcherrima*) und der stachelige Christusdorn (*E. milii*). Wenn das nicht die unglaubliche Vielfalt dieser Pflanzenfamilie beweist!

# 73__Die Zarten

*Mit der Grazie von Schmetterlingen*

Die Mischung macht's aus, auch im Staudenbeet. So bilden ganz zarte Gewächse besonders effektvolle Kontrapunkte zu kräftigen, dominanten. Mit ihrer grazilen Eleganz fällt die Chinesische Wiesenraute (*Thalictrum delavayi*) – benannt nach dem französischen Missionar Pierre Jean Maria Delavay, der sie im chinesischen Yunnan entdeckte – jedem ins Auge. Sie ist einfach zum Verlieben! Die winzigen hellblauen oder weißen Blüten sitzen auf Rispen, werden bis etwa 80 Zentimeter hoch und wirken wie von einem Maler kunstvoll hingetupfte Mini-Schmetterlinge.

Die Wiesenrauten sind mit den Akeleien eng verwandt. Das ist besonders an *T. aquilegiifolium* zu erkennen, deren Blätter wie die der Akelei aussehen. Ihre fliederfarbenen Blüten wirken wie kleine Puderquasten. Ob in der Sonne oder im Halbschatten: Die Wiesenraute bezaubert!

Die Blüten der Prachtkerze (*Gaura lindheimeri*) erinnern ein wenig an Orchideen. Mit unzähligen Rosatönen warten die verschiedenen Varianten auf, einige auch mit rot getönten Stielen und Blättern. Die Besonderheit: Jede einzelne Blüte welkt schon nach einem Tag. Aber weil sich auf den Rispen dauernd neue Blüten bilden, leuchtet die *Gaura* unermüdlich von Juni bis weit in den Oktober. Wie die Wiesenraute ist sie pflegeleicht und winterhart; ein bisschen Laub oder Mulch im Herbst über den Wurzelbereich und die nächste Blühsaison ist gesichert. Wärme und Trockenheit mag die *Gaura* besonders. Entdeckt hat sie der aus Frankfurt am Main stammende Botaniker Ferdinand Jakob Lindheimer, den es 1834 nach Texas verschlug, wo er außer der dort Schmetterlingsblume genannten *Gaura* jahrelang Hunderte andere Pflanzen erforschte.

Noch etwas Zartes, Pflegeleichtes in der Farbe Weiß im Beet gefällig? Wie wäre es mit dem Perlkörbchen (*Anaphalis margaritacea*)? Die kleinen Blütendolden wirken wie Schneeflocken, deshalb auch der Name Sommerschnee.

Wer die Prachtkerze (*Gaura lindheimeri*) zu buschigerem Wachstum veranlassen will, kürzt im Frühjahr den Haupttrieb. Wiesenrauten (*Thalictrum*) werden zu schöner Nachblüte angeregt, wenn die verwelkten Blütenrispen bis zum ersten Blatt abgeschnitten werden.

# 74 Die Zistrose

*Eine unermüdliche Wunderpflanze*

Um die Frage gleich vorwegzunehmen: Nein, eine Zistrose ist keine Rose – auch wenn die Blüten, die je nach Sorte weiß, rosa oder gelb leuchten, auf den ersten Blick aussehen wie einfache Rosenblüten. Zistrosengewächse (*Cistaceae*) sind eine eigene Pflanzenfamilie, die Zistrose (*Cistus*) ist eine Gattung daraus, mit etwa 20 Arten. Besonders hübsch ist die rein-weiß blühende Salbeiblättrige Zistrose (*Cistus salviifolius*).

Als immergrüne, meist kaum höher als 100 Zentimeter wachsende Sträucher mit Hunderten Blüten sind Zistrosen im Mittelmeergebiet heimisch, aber seit Jahrhunderten auch nördlich der Alpen bekannt und beliebt, ursprünglich in Orangerien und Wintergärten untergebracht. Doch inzwischen halten sie auch bei uns den Winter gut aus, wenn sie etwas Schutz bekommen und vor zu viel Nässe geschützt sind. Geschnitten werden die Sträucher im Frühling kräftig, aber nicht ins alte Holz. Sonst treiben sie kaum noch aus, wie der Lavendel auch. Neben diesem und dem Rosmarin wächst die Zistrose sehr gern in der vollen Sonne. Das Laub verströmt zarten Duft. Sie blüht unermüdlich: Die Blüten öffnen sich morgens, in der Nacht verwelken sie und geben Raum für die nächsten Blüten, die am folgenden Tag diesen Wechsel wiederholen – ein Schauspiel ungefähr von Ende Mai bis August.

Damit aber nicht genug der Qualitäten. Wunderpflanze wird die Zistrose oft genannt. Seit der Antike ist sie als Heilpflanze überaus geschätzt, vor allem die rosa blühende Kretische Zistrose (*Cistus incanus*) und die Lack-Zistrose (*C. ladanifer*). Für Tee oder Öle finden ihre Blätter bis heute Verwendung, denn diese enthalten mehr Polyphenole als Grüner Tee oder Rotwein. Die antioxidative Wirkung stärkt das Immunsystem. Schnellere Heilung von Virusinfektionen beziehungsweise grippalen Infekten wird möglich, Magen-Darm-Beschwerden werden bekämpft. Bei äußerlicher Anwendung bessern sich Hautkrankheiten.

Vorsicht ist angesagt! Laien in Sachen Heilkräuter sollten nicht selbst mit Zistrosen experimentieren. Bei falscher Dosierung können Nebenwirkungen wie Übelkeit und Schwindel die Freude trüben.

# 75 Die Bitterorange

*Winterharter Ersatz für echte Zitrusfrüchte*

Auch wer nicht im warmen Süden zu Hause ist, hat die Chance auf Zitrusfruchtartiges im Garten, nämlich in die Erde gepflanzt und nicht nur im Topf den Sommer draußen stehend: Die Bitterorange (*Poncirus trifoliata*) zählt zwar wie die Zitruspflanzen (*Citrus*) zur Familie der Rautengewächse (*Rutaceae*), aber *Poncirus* ist eine eigene Pflanzengattung. Sie mag das ganze Jahr frische Luft und hält Wintertemperaturen von bis zu -20 Grad aus.

Es ist Geschmackssache, ob *Poncirus trifoliata* in den Zier- oder in den Obstgarten gesetzt wird. Optisch ist sie das ganze Jahr attraktiv. Im Frühjahr blüht sie mit eleganten weißen Blüten, die einen betörenden Duft verströmen. Danach treibt die Bitterorange ihre dreiteiligen Blätter aus (im Herbst wirft sie diese ab). Die Früchte wachsen von kleinen grünen Kügelchen zu etwa sechs bis sieben Zentimeter Größe heran. Optisch dominieren im Sommer die langen Dornen der Pflanze. Im Herbst reifen die »Mini-Orangen« und werden intensiv orange – ein prächtiger Farbeffekt.

Tapfere Gartenfreunde ernten die bitteren Früchte. Die reizen zwar nicht, roh gegessen zu werden, aber es lässt sich daraus eine Bitterorangen-Marmelade herstellen, die einer englischen in nichts nachzustehen braucht. Der Tapferkeitsfaktor besteht darin, vor dem Kochen die unzähligen Kerne aus den Früchten zu holen. Die sind nämlich von einem intensiv klebrigen Harzöl umgeben. Ein mühseliges Unterfangen. Wen das von dieser Verwertungsart abhält, kann die Früchte einfach als Dekor genießen, sie in eine Schale ins warme Zimmer legen und sich an ihrem Orangenduft erfreuen.

Gepflanzt wird *Poncirus trifoliata* im Frühjahr, dann kann sie bis zum nächsten Winter ihre Wurzeln ausreichend tief in den Boden strecken. Im ersten Jahr freut sie sich noch über Winterschutz, wie Mulch und Vlies. Ist sie noch klein, braucht sie Schutz vor Schnecken, denn denen schmecken die jungen Blätter.

Beim Namen Bitterorange droht Verwechslungsgefahr, denn die Pomeranze (*Citrus* x *aurantium*) wird auch oft so genannt. Sie ist allerdings nicht winterhart und nur für die Kübelkultur geeignet.

# 76 Die Chinesische Dattel

*Naschwerk direkt vom Baum*

Sie sehen unreif aus wie grüne Oliven, rotbraun gefärbt hängen die Früchte dann reif an dem Baum, der Chinesische Jujube, Brustbeere oder Chinesische Dattel genannt wird. Letzteres erscheint einem sofort logisch, wenn man reife, schon etwas angetrocknete Früchte nascht. Die schmecken nämlich wie Datteln.

*Ziziphus jujuba* ist schon vor gut 2.000 Jahren aus Asien nach Europa gekommen. Im Mittelmeerraum wird der Baum mit den kleinen Blättern und den vielen kurzen und langen Dornen als einheimische Pflanze angesehen. »Giuggiolo« heißt er in Italien.

Was keineswegs bedeutet, dass die Chinesische Dattel ausschließlich dort wächst. Wo immer mildes Weinbauklima herrscht, kann sie ihr Auskommen finden. In Norditalien zum Beispiel hält sie auch für kurze Zeit -15 Grad aus. Händler, welche die Pflanze quer durch Europa verkaufen, geben dies ebenfalls als Kältegrenze an. Die Jujube ist eine robuste Pflanze und bei der Bodenbeschaffenheit nicht wählerisch. Sonne braucht sie. Wenn diese ausbleibt, wächst sie zwar, die winzigen, dicht an den Trieben sitzenden gelben Blüten und die Früchte bleiben aber aus. Ihre Blätter wirft sie im Herbst ab.

In der Nähe der Mutterpflanze sprießen aus den Wurzeln immer wieder neue Triebe, die sich abstechen und problemlos an anderer Stelle im Garten oder für interessierte Gartenfreunde in Töpfe setzen lassen. Jungpflanzen sind deutlich kälteempfindlicher als ältere Exemplare. Muss die Jujube im Kübel wachsen, ist im Winter ein Übersiedeln in frostfreie Zonen nötig. Die Früchte sind reif zur Ernte, wenn sie die erwähnte rotbraune Farbe bekommen haben. Wochenlang, auch wenn sie schon Falten vom Trocknen haben, können sie als schmackhafter Bonbon-Ersatz dienen. Getrocknet werden sie auch als Brusttee verwendet, daher auch der Name Brustbeere. Die Traditionelle Chinesische Medizin setzt stark auf ihre Wirkung, um das Immunsystem zu stärken, also etwa bei Erkältungen zu helfen. Sie enthält nämlich viel Vitamin C.

Schon die Ägypter und die Römer erzeugten aus Chinesischen Datteln ein alkoholisches Getränk. Dafür ist heute der Ort Arquà Petrarca in der italienischen Provinz Padua bekannt. Für den »brodo di giuggiole« werden die »Datteln« gemeinsam mit Quitten, Zitronenschalen, Trauben und Granatapfelkernen ein paar Monate lang zu einer Art Likör vergoren.

# 77 Der Feigenbaum

*Wie die Ernte reich wird*

Als Symbole für Fruchtbarkeit und Reichtum wurden Feigenbäume schon vor Jahrhunderten in Mitteleuropa angebaut. Klimatische Kältephasen stoppten dies. Nun sorgt der Klimawandel dafür, dass *Ficus carica* dabei ist, ein Modebaum zu werden. Es empfiehlt sich allerdings, einiges zu beachten, ehe die Feige im Garten und am Gaumen erfreut.

Da wäre einmal die Sache mit der Winterhärte. Die ist bei den vielen Sorten ziemlich unterschiedlich. Als besonders robust in Sachen Frostresistenz gelten die Sorten *F. carica* ›Brunswick‹, eine der ältesten in Deutschland angebauten Feigensorten, *F. carica* ›Brown Turkey‹ und die Wiener Sorte *F. carica* ›Alter Gersthofer‹. Alle drei halten laut Experten -20 Grad aus. Wo das Thermometer jedoch längere Zeit unter -15 Gard zeigt, haben Feigen im Freiland wenig Überlebenschancen. Wenn eine Pflanze abfriert, kann man sie einfach etwa 20 Zentimeter über dem Boden abschneiden; meist treibt sie dann wieder aus.

Für die Sortenwahl gilt es auch zu beachten, ob man Platz hat für eine stark oder nur für eine schwach wachsende Variante. Bei den Namen der Feigen herrscht oft Verwirrung, weil Sorten in unterschiedlichen Gegenden unter ganz verschiedenen Bezeichnungen laufen.

Sich aus dem Urlaub in Südeuropa einen kleinen Ast zum Antreiben mitzubringen, ist riskant. In ein Glas gestellt wird er sich zwar rasch bewurzeln und eingesetzt flott zu wachsen beginnen. Ob diese Feige allerdings je Früchte trägt, ist mehr als fraglich. Oft brauchen südliche Sorten nämlich die Feigengallwespe zur Befruchtung. Die gibt es aber bei uns nicht. Also ist es besser, eine der selbstbefruchtenden Sorten zu erwerben. In unseren Breiten tragen Feigenbäume zweimal pro Jahr, die Sommerfeigen (auch Blütenfeigen genannt) wie auch die Herbstfeigen. Von der Sorte hängt es ab, ob die Ernte reich ausfällt. Auf das Wetter ist da kein Verlass.

Der Rat von Fachleuten ist Gold wert. Christoph Seiler ist einer der deutschen Top-Experten für Feigen. Er betreibt in Altlußheim in Baden-Württemberg (etwa 80 Kilometer von Stuttgart entfernt) eine renommierte Feigenbaumschule, https://pflanzenseiler.eshop.t-online.de. In Österreich ist der Bio-Feigenhof von Harald Thiesz und Ursula Kujal (Wien) ein heißer Tipp für Beratung zu und Erwerb von Feigenbäumen, www.feigenhof.at.

# 78 Die Feijoa

*Exotin für die Liebe auf den ersten Blick*

»Einen schönen Gruß von meiner Frau!« Ein Freund bringt vom Urlaub in seinem Haus in der Toskana köstliche Marmelade mit. »Aus eigenen Feijoa-Früchten«, vermeldet er nicht ohne Stolz und zeigt Fotos von dem Baum. Frisch und süß-sauer schmeckt die Marmelade, ein bisschen nach Ananas. Oder doch eher nach Birne?

Schönheiten müssen in einen besonderen Garten, auch wenn sie wegen mangelnder Frosthärte in weiten Teilen Europas im Topf wachsen und den Winter »indoor« verbringen müssen. Die Brasilianische Guave (*Acca sellowiana*), kurz Feijoa genannt, ist so eine – erstaunlicherweise wenig beachtete – Pflanze. Wer ihre rosa-weißen Blüten mit den intensiv roten Staubgefäßen sieht, verliebt sich auf der Stelle in sie. Spätestens beim Auslöffeln ihrer rohen, grünen Früchte und dem Verkosten der aus ihnen erzeugten Marmelade wird aus Verliebtheit dauernde Liebe.

Ursprünglich stammt die Feijoa – sie wächst als Baum oder als Strauch – aus den Tropen. Allerdings gibt es inzwischen etliche Züchtungen, die im mitteleuropäischen Winter – in den Boden gepflanzt und oberirdisch bei Frost ordentlich in Vlies verpackt – eine Überlebenschance haben – jedenfalls in milden Zonen. Aber sicherheitshalber sollte sie doch als Kübelpflanze die gärtnerische Zuneigung genießen können.

Im Sommer mag die Feijoa volle Sonne, viel Wasser und Dünger, aber keine Staunässe; diesbezügliches Unbehagen signalisiert sie durch Abwerfen der Blätter. Wenn sie sich wohlfühlt, dann erscheinen ab Mai aus den Achseln der graugrünen, zart behaarten Blätter die Blüten. Diese sind so schön, dass es wohl wenige Menschen über sich bringen, die essbaren Blütenblätter zu verspeisen. Aber die Bienen fliegen zum Bestäuben begeistert an. Die Früchte mit dem grünlichen Inneren bekommen bis Oktober etwa die Größe von Pflaumen. Manche ernten sie, wenn sie bei Druck weich werden, andere, wenn sie abfallen.

Die Brasilianische Guave (Feijoa) bitte nicht verwechseln mit der Echten Guave (*Psidium guajava*). Beide gehören zwar zur Familie der Myrtengewächse (*Myrtaceae*), aber zu unterschiedlichen Gattungen (*Psidium* respektive *Acca*). Die Echte Guave kann ebenfalls im Topf frostfrei gezogen werden und trägt auch süße Früchte.

# 79 Der Granatapfelbaum

*Prächtiges Sinnbild seit Jahrtausenden*

Er ist ein Symbol für Fruchtbarkeit und Glück, in der christlichen Kunst ein Marien- und Christussymbol. Man denke nur an die Madonnendarstellungen der Renaissance, bei denen die Mutter Gottes ihrem Kind einen Granatapfel reicht; ein Hinweis auf die Passion. Der Granatapfelbaum (*Punica granatum*) war schon im antiken Mesopotamien bekannt. Der Name *Punica* leitet sich ab vom römischen Punien, dem heutigen Tunesien, »granatum« vom lateinischen »granum«, dem Kern, was das Innere der Früchte beschreibt.

Einen Granatapfelbaum im Garten zu haben, zählt zu den Träumen aller Freunde des Südens. Dieser Traum lässt sich verwirklichen, nicht nur im Topf. Bei einem milden Weinbauklima ist es inzwischen durchaus möglich, *Punica* als Baum oder Strauch im Boden wachsen zu lassen. Kurze Phasen mit bis zu -10 Grad hält er aus. Heiß und viel Sonne – das lieben die Granatapfelbäume, egal welche der inzwischen zahlreich gezüchteten Frucht- und Ziersorten. Einige davon halten Frost sogar bis -20 Grad aus, wie etwa *P. granatum* ›Provence‹ und ›Kazake‹. Die Blüten mit der dicken glockenförmigen Hülle leuchten nicht immer im traditionellen Orangerot. Extravagant wirken Sorten mit ganz hellen und / oder gefüllten Blüten, wie *P. granatum* ›Albo Pleno‹ und ›Flore Pleno Luteo‹. Diese tragen aber keine Früchte. Der Granatapfel ist botanisch betrachtet eine Scheinfrucht, deren lederartige Hülle die fruchtigen Kerne umgibt. Bei den klassischen Sorten definiert der Name »Apfel« die Größe. Für den kleinen Garten bietet sich *P. granatum* ›Nano‹ mit den hübschen Mini-Granatäpfeln und dem kompakten Wuchs an.

Der Durst des Granatapfelbaums ist im Sommer durchschnittlich. Einmal fest eingewachsen, bekommt er bei Hitze nur fallweise den Schlauch zu Füßen gelegt. Schnitt ist kaum nötig. Die Blätter wirft er im Herbst ab. Als Topfpflanze braucht er im Winterquartier deshalb fast kein Wasser.

Die vielen Mineralstoffe sowie die Vitamine C und B in den Granatapfelkernen lassen sich dem Körper auf viele delikate Arten zuführen. Besonders einfach und köstlich zur Vorspeise: ein paar grüne Salatblätter auf einen Teller und geräucherte Forellenstücke darauf geben, ein wenig Olivenöl verteilen, Granatapfelkerne großzügig darüber verteilen.

# 80 Der Kakibaum

*Leuchtende Götterfrüchte im Spätherbst*

Einfach zu kultivieren und in vielerlei Hinsicht nutzbringend – das ist der Kakibaum (*Diospyros kaki*). In Asien wird er seit Tausenden von Jahren gepflegt, nach Europa wurde er vor mehr als 200 Jahren gebracht. Die intensiv orangeroten Früchte werden auch Götterfrüchte genannt (der griechische Name *Diospyros* bedeutet Frucht oder Speise Gottes). Sie reifen im Oktober und im November. Da lässt manches Abendlicht den ganzen Baum fast unwirklich leuchten, denn die Blätter hat er da schon abgeworfen. Ein eindrucksvoller Anblick in einer an sich eher grauen Zeit.

Aber auch im Frühling und im Sommer ist er ein besonders schönes Gewächs mit dunkelgrünen Blättern, hellgrünlichen Blüten und den sich zunächst unauffällig entwickelnden Früchten, die am Ende dann wie große orangefarbene Tomaten aussehen. Geerntet werden sie vor dem ersten Frost. Erst wenn sie überreif und weich sind, verlieren sie den wegen der enthaltenen Gerbstoffe bitteren Geschmack. Dann kann man sie mit dem Löffel aus der Schale essen; übrigens ein höchst delikates Mittel gegen hohe Cholesterinwerte. Sie lassen sich aber auch bestens in Marmelade oder püriert – zum Beispiel mit Joghurt – in ein »Mousse di Cachi« verwandeln.

Um Einwände vorwegzunehmen: Der Kakibaum ist winterhart bis etwa -15 Grad. Also gibt es auch außerhalb von Weinbaugebieten meist kein Problem. Nur sehr Geduldige ziehen sie aus den Kernen, denn es braucht sechs, sieben Jahre, bis das Bäumchen einen mit den ersten Blüten und Früchten erfreut. Beim Erwerb einer Pflanze im Gartencenter lässt sich daher stattlich Zeit einsparen.

Die Kerne spielen ein bisschen Orakel: Wer sie längs aufschneidet, sieht an einem Ende winzige, weiße Verdichtungen. Im italienischen Volksglauben sind sie lauter Hinweise auf den Winter. Sehen sie wie eine Gabel aus, bedeutet das einen milden Winter. Das Messer bedeutet große Kälte, der Löffel viel Schnee.

Eine ursprünglich aus Israel stammende Kakibaum-Zuchtvariante heißt ›Sharon‹. Deren kernlose Früchte haben eine dünnere Schale und enthalten im Gegensatz zum normalen Kakibaum weniger Tannine. Sie können also schon gegessen werden, wenn sie noch hart sind.

# 81 Die Kiwi

*Vitamin-C-Bombe auf dem Vormarsch*

Die haarigen Kiwis mit der Schale essen? Wer möglichst viel vom enthaltenen Vitamin C abbekommen will, tut das. Natürlich nur unbehandelte Früchte, mit heißem Wasser gewaschen. Wie praktisch, wenn man sie aus dem eigenen Garten holt! Denn wie die Kakibäume kann inzwischen auch die Kiwi (*Actinidia deliciosa*) nicht nur in Südeuropa, sondern in ganz Europa angebaut werden.

Weltweit führt China mit weitem Abstand in der landwirtschaftlichen Kiwi-Produktion. In Europa geht Platz 1 an Italien, vor Griechenland und Frankreich, was die Anbaumengen betrifft. Die Italiener haben auch Neuseeland überholt, das viele Jahre als klassisches Kiwi-Land galt. *A. deliciosa* ›Hayward‹, benannt nach dem neuseeländischen Kiwi-Züchter Hayward Wright, ist die rund um die Welt meistangebaute Züchtung. Die zweite botanische Art, die gelbfleischige *Actinidia chinensis*, war die Basis für die Zuchtsorte ›Sun Gold‹, mit weniger Säure und glatterer Haut. Ihre Entwicklung war eine Kooperation des Konzerns Zespri und des botanischen Gartens der chinesischen Stadt Wuhan.

Kiwis im privaten Garten anzubauen, ist einen Versuch wert. Auch wenn sie etwas empfindlicher sind als Kakibäume, halten sie immerhin den Winter bis etwa -10/12 Grad gut durch. Sie wachsen nicht nur am besten, wo der Wein gut gedeiht, ihre lianenartigen Triebe werden auch ähnlich den Reben geschnitten: weg mit den zweijährigen, denn die einjährigen Triebe tragen die Früchte. Allerdings nur, wenn zur Befruchtung neben weiblichen Pflanzen auch männliche blühen. Mancher versucht es mit der selbstbefruchtenden Sorte ›Jenny‹. Da kann es aber sein, dass das Warten auf Früchte vergeblich ist. Alle Jungpflanzen tragen erst nach einigen Jahren. Gärtner empfehlen oft die glatthäutigen Mini-Kiwi-Sorten. Das ist Geschmackssache! In jedem Fall brauchen Kiwi viel Sonne und regelmäßiges Wässern. Sie reifen in Europa nicht vor Ende Oktober.

Kiwi sind wahre Vitamin-C-Bomben, denn sie enthalten deutlich mehr Vitamin C als drei Zitronen. Eine große Kiwi (mit etwa 100 Gramm) deckt ungefähr den Tagesbedarf eines Erwachsenen an Vitamin C und stärkt so das Immunsystem.

# 82 Die Kornelkirsche

*Zarte Blüten schon im Februar*

Sie erwacht im Frühjahr meist vor allen anderen: *Cornus mas*, die zwar meist Kornelkirsche genannt wird, aber mit der Vogelkirsche (*Prunus avium*) nichts zu tun hat, denn sie ist ein Hartriegelgewächs (*Cornaceae*). Im Osten Österreichs lautet der liebevolle Name »Dirndl«. Warum dieses mit der Trachtenkleidung idente Wort traditionell verwendet wird, ist nicht bekannt. Jedenfalls nennt sich in Niederösterreich ein ganzes Tal nach der dort wild als Sträucher oder Bäume wachsenden und auch in Gärten genutzten Pflanze: Das Pielachtal ist als Dirndltal bekannt. In Deutschland wird die Kornelkirsche nachweislich seit dem Mittelalter gepflanzt; heute ist sie auch hier oft verwildert, in einigen Landesteilen sogar als gefährdete Art geschützt.

Ob in der Natur oder im Garten: Die kleinen Blüten färben schon im Februar die Sträucher oder Bäume in intensives Gelb – zu dieser frühen Jahreszeit eine besondere Wohltat für das Auge. *Cornus mas* wächst langsam und hat ein sehr hartes Holz. Deshalb wurde daraus ab dem 18. Jahrhundert der nach einem deutschen Ort nahe Jena benannte und in Europa beliebte »Ziegelhainer Knotenstock« als Spazierstock geschnitten.

Schon Hildegard von Bingen hat im 12. Jahrhundert die Heilkraft der Kornelkirsche beschrieben: Sie reinige und stärke den Magen, ein Bad aus Rinde oder Blättern verhelfe zur Gesundheit. Die stark Vitamin C-haltigen Früchte leuchten ab dem Spätsommer in intensivem Rot und ähneln in der Form den Oliven (gezüchtete Pflanzen bringen Früchte mit mehr Fruchtfleisch). Weshalb nicht nur schmackhafte Marmelade, Saft, Sirup oder Schnaps daraus erzeugt werden, sondern auch »falsche Oliven«. Dabei werden halbreife, erst gelborange gefärbte Früchte in einen Sud aus Essig, Wasser, Zucker und diversen Gewürzen eingelegt und nach etwa zwei Monaten wie echte Oliven verwendet. Quasi »Diätoliven«, ganz ohne den Fettgehalt der Originale.

Außer *Cornus mas* bietet die Familie der Hartriegelgewächse noch viel interessant Blühendes. Besonders schön ist der Blumenhartriegel *Cornus kousa* ›Venus‹, der Ende Mai seine prächtigen weißen Blüten ansetzt – oft größer als eine Hand – und im Herbst die Blätter intensiv rot färbt.

# 83 Der Maulbeerbaum

*Mensch, Vogel, Seidenraupe – für jeden etwas*

Jahrhundertelang trugen Fürsten Seidengewänder. Bauern züchteten Seidenraupen, deren Kokons an Spinnereien geliefert wurden, wo die zarten Fäden aufbereitet wurden für die Webereien, die kunstvolle Stoffe schufen. Das ist ohne den Maulbeerbaum nicht möglich gewesen, denn die Seidenraupen fressen fast ausschließlich seine Blätter. Weshalb unzählige dieser Bäume gepflanzt wurden, in China und dann auch in Europa. Das ist bei uns schon Geschichte. Doch die Gewächse machen ästhetisch Eindruck, und den Maulbeeren gebührt kulinarische Aufmerksamkeit.

Der Schwarze Maulbeerbaum (*Morus nigra*) hat glänzende herzförmige Blätter, die er im Herbst abwirft. Solange der Baum jung ist, mag er etwas Winterschutz, später gar nicht mehr. Er trägt Unmengen von dunkelroten, fast schwarzen Früchten, die ein wenig an Brombeeren erinnern. Warum sie diese Farbe bekamen, erfahren wir aus der griechischen Sage von Pyramus und Thisbe. Sie seien unter einem Maulbeerbaum gestorben, ihr Blut habe die Wurzeln erreicht und so die Früchte dunkelrot gefärbt.

Die Maulbeeren gehören rasch gegessen oder zu Marmelade verarbeitet, denn wirklich haltbar sind sie nicht. Bei regelmäßigem Schnitt bekommt der Baum einen malerisch dicken Stamm. Ohne Schnitt erreicht er leicht zehn Meter Höhe. Dann freuen sich über die meisten Maulbeeren nur noch die Vögel. Die Spuren dieser fliegenden Gourmets zeigt die Umgebung, denn die »Vogelpatzen« haben die Farbe der Maulbeeren, was sich zum Beispiel auf einer Terrasse nicht gut macht. Auch direkt unter dem Baum sieht es ziemlich gesprenkelt aus, wenn die reifen Früchte auf den Boden fallen. Wer trotzdem auf einen *Morus* nicht verzichten will, beugt vor, indem er einen *Morus alba*, einen Weißen Maulbeerbaum pflanzt. Dessen Früchte sind nämlich weiß bis höchstens rosa gefärbt. Vom Geschmack her stehen sie den dunklen Maulbeeren um nichts nach. Das finden auch die Vögel!

Als reines Ziergewächs präsentiert sich der rasch wachsende Papiermaulbeerbaum (*Broussonetia papyrifera*). Er gehört wie der Schwarze Maulbeerbaum (*Morus nigra*) zur Familie der Maulbeergewächse (*Moraceae*). Seine Rinde wurde in Ostasien zur Papiererzeugung genutzt.

# 84 Obst-Nostalgie

*Ein Herz für alte Arten und Sorten*

Nein, die »Rote Walze« ist nichts Gefährliches, die »Rheinische Schafsnase« hat nichts mit Tieren zu tun und der »Waldviertler Böhmer« ist kein eingewanderter Tscheche. Es sind drei alte Apfelsorten von Hunderten, um deren Erhalt es zu kämpfen gilt. Jede Gegend hat ihre Spezialitäten und so hat jeder die Möglichkeit, Spezielles für seinen Garten zu finden.

Mindestens genauso spannend ist es, für sich selbst Obstarten neu zu entdecken, die in Vergessenheit zu geraten drohen. Die Echte Mispel (*Mespilus germanica*) zum Beispiel gehört – wie der Apfel – zu den Kernobstgewächsen (*Pyrinae*). Sie werden in Österreich auch »Asperln«, in Deutschland mancherorts ein wenig unfein »Hundsärsch« genannt. Ein Schelm, wen die braunen, etwas behaarten Früchte daran erinnern! Ihr Geschmack ist jedenfalls überzeugend. Man kann sie roh essen, wenn sie im Oktober ganz reif oder noch besser, wenn sie durch ein bisschen Frost schon weich geworden sind. Dann ergeben sie auch eine wunderbare Marmelade; tadelloser Edelbrand und Likör lassen sich ebenfalls aus ihnen erzeugen.

Gar nicht altmodisch präsentiert sich die Quitte (*Cydonia oblonga*), auch ein Kernobstgewächs, das aus den Scheinwerfern der Aufmerksamkeit zu geraten droht. Dabei zählt »Quittenkäs« (getrocknetes Quittengelee) zu den Leckerbissen, die man sich aus Kinderzeiten gemerkt hat. Der Unterschied zwischen Apfelquitten- und Birnenquitten-Sorten liegt – wie am Namen zu erkennen ist – primär in der Form. Roh ist die Frucht der Apfelquitten steinhart und ungenießbar, die der Birnenquitten weicher und im Geschmack milder. Doch beide enthalten so viel vom natürlichen Geliermittel Pektin, dass sich das Einkochen aufdrängt. Übrigens: Das Wort Marmelade leitet sich vom portugiesischen Namen der Quitte, »Marmello«, ab. Zu verarbeiten gibt es viel: Ein Quittenbaum in seinen besten Jahren lässt gut und gern 50 Kilogramm Früchte wachsen.

Was Mispeln und Quitten verbindet: Das Einkochen ist aufwendig. Die Mispeln werden gewaschen, weichgekocht, passiert, mit Gelierzucker aufgekocht. Die Quitten abreiben und vom bitteren Flaum befreien, in Stücke schneiden (mit Zitronensaft beträufeln, sonst werden sie braun), weichdünsten, passieren und weiterverarbeiten. Das geht wegen ihres vielen Pektins auch ohne Geliermittel, aber dann muss die Kochzeit länger sein.

# 85 Ein paar Reben

*Grauburgunder kann man auch essen*

Sagen wir einfach: Alles ab zwei Rebstöcken gilt als Weingarten. Jedenfalls als Mini-Ausgabe. Also ein Weingarten im Garten! Ein besonderer Spaß. Und auch ein Abenteuer! Ein vollsonniger, warmer Bereich lässt sich wunderbar für den ganz persönlichen Start in die Welt der Weinreben verwenden. Ob als Spalier an der Hauswand, über eine Pergola oder wie im Profi-Weingarten über Drähte zwischen Pfählen gezogen, egal! Wenn ab September die Trauben reifen, schwillt die Brust des »Weingärtners«.

Die Qual der Wahl: Tafeltrauben mit großen Beeren? Oder doch welche, um Wein zu keltern? Man muss sich als zukünftiger Mini-Winzer nicht sofort entscheiden, man kann ja eine Rebsorte wählen, die für beides taugt. Zum Beispiel den Grauburgunder (*Vitis vinifera* ›Pinot Gris‹), eine Weißweinsorte, die mit ihren rötlich gefärbten, kompakten Trauben ein optischer und überdies ein geschmacklicher Hit ist. Außerdem reift sie früh; das ist wichtig in nördlichen Breitengraden. Sollte Lust aufkommen, es selbst mit der Weinerzeugung zu probieren, kein Problem! Lesen, pressen – nach traditioneller Art mit einer Spindelpresse, die im Kleinformat im Hobby-Winzer-Handel angeboten wird –- und im Glasballon vergären. Das lässt sich lernen und hat Reiz.

Reben verlangen viel Zuwendung. Vom Schnitt im Frühjahr (Trauben entstehen nur an neuen Trieben, die aus zweijährigem Holz wachsen), über das Zähmen wuchernder Triebe (die Kraft der Rebe soll ja in die Trauben) und das Entfernen der Blätter (die zu viel Schatten auf die Trauben werfen) bis zur Bekämpfung von Pilzkrankheiten wie dem Echten und dem Falschen Mehltau, also *Oidium* und *Peronospora*, oder dem Grauschimmel (*Botrytis*). Regelmäßiges Spritzen der Reben ist nötig. Streng bio etwa mit einer Molke-Rapsöl-Mischung, wirksamer mit Netzschwefel und Produkten auf Kupferbasis, die – in Maßen eingesetzt – auch im biologischen Weinbau zugelassen sind.

Es werden inzwischen auch pilzresistente Rebsorten gezüchtet, Tafeltrauben genauso wie Keltertrauben. Aber Vorsicht! Gar mancher hat, wenn er aufs Spritzen dieser Sorten ganz verzichtet hat, schwere Enttäuschungen erlebt. Informationen über solche zugelassenen Sorten sind am verlässlichsten bei Winzervereinigungen zu erhalten.

# 86 Bäume der Zukunft 1

*Manch Belaubtes kann dem Klimawandel trotzen*

Immer trockener, immer heißer – Erfahrungen und Prognosen wie diese häufen sich. Deshalb sind immer öfter Laubbäume wahre Bilder des Jammers. Da heißt es gegensteuern und jeden Baum, der in den Pflanzenhimmel eingegangen ist, durch eine Art zu ersetzen, der Klima-Stress weniger ausmacht und die trotzdem eine Augenweide ist.

Eine Art, deren Name kaum bekannt ist, obwohl sie gar nicht so wenig verbreitet ist, heißt Westlicher Zürgelbaum (*Celtis occidentalis*). Gärtner nennen ihn einen der »Stadtbäume der Zukunft«, weil er nicht nur Hitze, Trockenheit und auch mageren Boden verträgt, sondern auch noch rasch wächst; bis zu 20 Meter drängt es ihn in die Höhe. Zu erkennen ist er leicht an seinen dunkelgrünen, eiförmigen, am Rand gezähnten Blättern. Er mag die Gesellschaft der Eiche. Da empfiehlt sich die Zerr-Eiche (*Quercus cerris*), nicht nur in Sachen Klima besonders robust. Wer sie pflanzt, braucht ein langes Leben und einen Park, denn sie wird ein Riesenbaum – bis zu etwa 30 Meter hoch. Dank der tiefen Pfahlwurzel ist sie enorm trockenheitsverträglich.

Für den kleinformatigen Garten empfiehlt sich als robuster Klimawandelbaum die Blasenesche (*Koelreuteria paniculata*). Sie wächst langsam, als kleiner Baum oder Strauch. Nicht nur, dass die gefiederten Blätter attraktiv sind, auch ihre blasenartigen Fruchtkapseln, von denen sie den Namen hat, sind durchaus eine Zierde, selbst im Winter noch.

Als Hecke ist der Gewöhnliche Liguster (*Ligustrum vulgare*) allgemein bekannt. Er hat unter den Bäumen einen interessanten Verwandten, den Glanz-Liguster (*Ligustrum lucidum*), der auch in der Riege der Gehölze reüssiert, die gegen Hitze und Wassermangel wenig empfindlich sind. Im Sommer verbreiten seine kleinen, weißen Blüten intensiven Duft. Bei sehr strengem Frost ist er dankbar für ein Schutz-Vlies und nicht gekränkt, wenn er durch einen vorherigen Schnitt klein gehalten wird.

Außer den hier genannten Beispielen: Stadtgärtner, die sich bezüglich Bepflanzung und Klimawandel stets auf dem Laufenden halten, geben gern Auskunft, was in der jeweiligen Gegend ein besonders vorteilhafter, gartentauglicher Laubbaum ist.

# 87__Bäume der Zukunft 2

*Alternativen zur leidenden Fichte*

Egal ob im Wald oder im Garten: Die Gemeine Fichte (*Picea abies*) leidet sehr unter Klimastress. Sie ist an die Kühle der Berge angepasst und nicht an warme Ebenen, wo sie auch gern gepflanzt wurde. Doch mit immer längeren heißen und trockenen Sommerperioden wird es ernst. Wer jemals beobachtet hat, wie innerhalb von ein paar Wochen eine riesige Fichte sterben kann, weiß davon ein Lied zu singen. »Wenn sie noch stark harzt, dann kämpft sie noch«, weiß der Fachmann bei Betrachtung einer leidenden Fichte. Aber schwach und damit besonders anfällig für den Befall durch den tückischen Borkenkäfer ist sie schon.

Forscher beschäftigen sich seit Langem mit möglichen Alternativen und haben herausgefunden, dass die Weißtanne (*Abies alba*) deutlich trockenheitsresistenter ist als Fichte oder Lärche. Am besten schneidet bei diesen Untersuchungen allerdings die Gewöhnliche Douglasie (*Pseudotsuga menziesii*) ab. Sie stammt aus Nordamerika und ist benannt nach dem schottischen Botaniker David Douglas, der im 19. Jahrhundert als Erster ihre Samen nach England brachte. Die Douglasie wächst gut, auch wenn sie lange sommerliche Trockenphasen erleben muss, und wird, wenn man sie lässt, riesengroß; einzelne Exemplare werden sogar 100 Meter hoch. Im Garten ist sie mit ihren weichen, graugrünen Nadeln eine Freude. Wenn man die Nadeln reibt, duften sie nach Zitrusfrüchten. Die Zapfen unterscheiden sich von denen der Fichte durch Deckschuppen mit drei Spitzen.

Unter den Klimatauglichen haben auch die Zedern (*Cedrus*) ihren wichtigen Platz. In herrschaftlichen Parks quer durch Europa hielten im 19. Jahrhundert die Libanonzeder (*Cedrus libani*), die Atlaszeder (*C. atlantica*) und die Himalayazeder (*C. deodara*) Einzug, womit der Nachweis ausreichender Frosthärte erbracht ist. Aber die Libanon- und die Atlaszeder vertragen auch das Gegenteil ausgezeichnet, also große Hitze und Trockenheit.

Als Fichtenersatz sind die Douglasien auch für die Holzwirtschaft interessant. Die Hölzer der verschiedenen Arten dieses Nadelbaums lassen sich vielseitig einsetzen, für Konstruktionen beim Bau ebenso wie für Möbel.

# 88 Bäume versetzen

*Eine Sache für Profis*

»For Forest« war ein international aufsehenerregendes Kunstprojekt: 2019 wurden im Stadion in Klagenfurt (Kärnten) 300 Bäume auf das Fußballfeld gepflanzt. Die Idee des Schweizer Künstlers Klaus Littmann, so auf die Bedeutung der Natur hinzuweisen, hat der in der Schweiz tätige Landschaftsgärtner Enzo Enea umgesetzt. Ein Baumflüsterer, der seit Jahren beweist, dass Profis auch ganz alte Bäume verpflanzen können.

Enea in einem Interview: »Man muss nah am Baumstamm ansetzen und den Wurzelballen straffen. Gleichzeitig darf man nicht zu viel wegschneiden, denn sonst erholt sich der Baum nicht mehr. Wie genau man den Wurzelschnitt ansetzt, ist eine Mischung aus Bonsai-Technik und Erfahrungswerten. Danach müssen die Wurzeln ausgewaschen und ein ökologischer Verdunstungsschutz angebracht werden. Der Rest ist Betriebsgeheimnis. So eine Aktion ohne technisches Know-how durchzuführen, da beträgt die Überlebenschance für einen alten Baum nur 20 Prozent.« In Enzo Eneas Baummuseum in Rapperswil (Kanton St. Gallen) stehen viele alte Bäume, die er gerettet hat, weil sie sonst Bauprojekten zum Opfer gefallen wären. Dieses Schicksal drohte 2021 auch einer 80-jährigen Platane mitten in Wien. Sie sollte einer U-Bahn-Baustelle weichen. Nach einem Aufschrei der Bürger verpflanzten Spezialisten der Baumchirurgie Saller den Baum in einen anderen Bezirk. Erfolgreich, denn er wächst weiter.

Wer in einer kühlen Bergregion wohnt, für den hat der Schweizer Gärtner Markus Schutz ein spezielles Angebot: Er zieht im Gebirge Zirbelkiefern (*Pinus cembra*), um sie als große Bäume auf Grundstücke von Kunden zu verpflanzen.

In Mode ist, sich uralte Olivenbäume in den Garten setzen zu lassen, die zuvor ein paar 100 Jahre lang in Italien oder Spanien wachsen durften. Diesem Raubbau an landschaftlichem Kulturerbe werden nun in den südlichen Ländern zu Recht immer mehr gesetzliche Riegel vorgeschoben.

Enzo Enea, Enea GmbH, Buechstrasse 12, 8645 Rapperswil-Jona, Schweiz, www.enea.ch; Schutz Filisur alpin Gartencenter, Quedra 1, 7477 Filisur, Schweiz, www.schutzfilisur.ch; Baumchirurgie Saller, Mannswörther Straße 46, 1110 Wien, Österreich, www.baumchirurgie.at

# 89 Der Blauglockenbaum

*Imperiale Pflanze für ganz Eilige*

Kaiserliches im Garten, das hat was! Es ist ganz leicht, einen großen Baum zu bestaunen, auch wenn es der Gartenbesitzer eilig hat. Denn der Blauglockenbaum (*Paulownia tomentosa,* Synonym: *Paulownia imperialis)* ist angeblich der am schnellsten wachsende Baum der Welt. Gute zwei Meter pro Jahr legt er in den ersten Jahren zu, spezielle Züchtungen sogar bis zu sechs Meter. Insgesamt kann er mehr als 15 Meter hoch und bis zu 100 Jahre alt werden.

Kaiserbaum wird er auch genannt. Denn der österreichische Kaiser Franz Joseph (1830–1916) mochte ihn besonders, ließ ihn in den Parks seiner Schlösser pflanzen und erfreute sich an seinen riesigen Blättern und den blauen, glockenförmigen Blüten. Weshalb der Baum fallweise auch in den entlegenen Orten des Kaiserreiches wachsen durfte – der Kaiser könnte ja zu Besuch kommen! Aber damit nicht genug des Kaiserlichen. Der Würzburger Botaniker Philipp Franz von Siebold hat den Baum um 1835 aus China nach Europa gebracht und die Gattung benannt nach der Tochter des russischen Zaren Paul I., Großfürstin Anna Pawlowna von Holstein-Gottorp-Romanow, die von 1840 bis 1849 Königin der Niederlande war. Unter dem Namen »Kiri« wird *Paulownia* in Japan als der kaiserliche Baum verehrt. In China hieß er Prinzessinenbaum; zur Geburt eines Mädchens wurde er gepflanzt, zur Hochzeit gefällt. Aus seinem Holz fertigte man Teile der Mitgift.

Das Holz des Blauglockenbaums ist sehr hart, aber trotzdem leicht, ein Edelholz mit sehr hohem Flammpunkt. Das heißt, es entzündet sich erst bei etwa 400 Grad (andere Hölzer schon bei etwa 270 Grad). Weshalb es für die Möbelproduktion ebenso verwendet wird wie im Boots- und Flugzeugbau, für Musikinstrumente oder Surfbretter.

Wer *Paulownia* im Garten hat, der hat – wenn er mag – wohl auch bald einen zweiten. Denn die Tausenden Samen aus den Kapselfrüchten lassen leicht neue Pflanzen entstehen.

Warum nicht einen Kaiserbaum mit Kaiserkronen (*Fritillaria imperialis)* unterpflanzen? Der Mai ist nicht nur der Monat, in dem *Paulownia* die prächtigen blauen Blüten zeigt, bei liebevoller Pflege erscheinen nämlich zur selben Zeit jene der *F. imperialis* ›Lutea‹ in Gelb oder die der ›Aurora‹ in Orange.

# 90 Der Ginkgo

*Ein einzigartiges »Fossil«*

Es war ein Wunder: Ein Ginkgo, der neben einem Tempel in Hiroshima stand, als die US-Amerikaner 1945 dort eine Atombombe abwarfen, schien zwar verbrannt wie alles andere, doch im Jahr danach trieb er wieder aus. Nicht nur deshalb wird *Ginkgo biloba* in seiner Heimat Ostasien als Symbol für das Überleben verehrt. Er ist überaus resistent gegen Krankheiten, wächst schnell und wird uralt. In Asien sind 2.000-jährige Exemplare bekannt. Es lohnt, ihn näher kennenzulernen.

Der Ginkgo im Garten überlebt uns sicher, ausgepflanzt ist er winterhart. Seine zweigeteilten Blätter sind einzigartig. Er ist kein Laubbaum, auch kein Nadelbaum, sondern der einzige lebende Vertreter der *Ginkgoales*, einer Gruppe von Samenpflanzen. Schon vor Millionen von Jahren hat es dieses »Fossil« unter den Bäumen gegeben.

Um 1730 brachten holländische Händler den Ginkgo nach Europa. Goethe war von ihm fasziniert. Er ließ 1790 in Jena einen pflanzen, der dort noch immer im botanischen Garten steht, und widmete ihm 1815 ein Gedicht: »Dieses Baumes Blatt, der von Osten / Meinem Garten anvertraut, / Gibt geheimen Sinn zu kosten, / Wie's den Wissenden erbaut …« In Weimar pflanzte im selben Jahr ein Hofgärtner einen Ginkgo nahe dem Fürstenhaus. Der ist heute ein riesiges Naturdenkmal. Viele andere Artgenossen besiedeln die Stadt, welche somit nicht nur Goethe, sondern auch dem Ginkgo verbunden ist.

Wer gern Blüten und Früchte auf seinem Ginkgo entdecken will, muss wissen, dass es männliche und weibliche Bäume gibt. Nur aus den weiblichen Blüten entwickeln sich – so ein männlicher Baum in der Nähe steht – Früchte, die an Mirabellen / Ringlotten erinnern (chinesisch »Ginkyo« bedeutet Silberaprikose). Sie reifen im Herbst. Mindestens 20 Jahre alt muss ein Ginkgo sein, ehe er Blüten und Früchte trägt. Diese riechen unangenehm, weshalb man auf die theoretische Möglichkeit, sie zu essen, besser verzichtet.

Es gibt inzwischen auch kleinwüchsige Ginkgo-Züchtungen. Zum Beispiel wird der kugelförmig wachsende Mini-Ginkgo ›Louis‹ kaum einen Meter hoch. In Weimar ist dem Ginkgo ein eigenes Museum gewidmet (Windischenstraße 1, 99423 Weimar, Deutschland). Im Shop werden verschiedene Zuchtsorten verkauft. www.ginkgomuseum.de

# 91 Die Kreppmyrte

*Geheimtipp für Experimentierfreudige*

Ihr Blühen ist ein Zeichen für die Ankunft des Spätsommers: Die auffallenden Rispen mit den gekräuselten Blütenblättern der Kreppmyrtenart *Lagerstroemia indica* leuchten in den Mittelmeerländern meist rosa oder pink, manchmal auch weiß oder dunkelrot. Ihr Stamm ist ebenfalls durchaus malerisch, besonders wenn sie als Baum wächst. Denn braune Rindenstücke schälen sich ab; so entsteht eine ornamentale Optik.

Ihren botanischen Namen hat die Kreppmyrte von Carl Magnus von Lagerström, der im 18. Jahrhundert Direktor der Schwedischen Ostindien-Kompanie war und von einer China-Reise diese bis dahin in Europa unbekannte Pflanze seinem Bekannten, dem Botaniker Carl von Linné, mitbrachte. Dieser, berühmt für seine »Systematik der Pflanzen«, hat sie *Lagerstroemia indica* genannt.

Die meisten älteren Kreppmyrtenarten halten kurzfristig etliche Minusgrade aus, aber wirklich mögen tun sie das nicht. Doch an einem sonnigen, windgeschützten Platz kann es in milderen Gegenden nördlich der Alpen durchaus sinnvoll sein, das Experiment zu unternehmen, sie (möglichst tief) in den Boden zu setzen. Der Wurzelbereich gehört mit einer ordentlichen Mulchschicht geschützt. Durch regelmäßigen Schnitt kann sie überdies in einer Größe gehalten werden, in der man ihr zusätzlich einen Winterschutz überstülpen kann. So wird dies zum Beispiel auf der Insel Mainau am Bodensee gemacht. Geht derlei nicht, dann gilt: Auch schöne Sträucher im Topf, die in der Garage überwintern, gehören zu einem interessanten Garten. Im Herbst jedenfalls zeigen die Blätter der *Lagerstroemia indica* noch ein prächtiges Farbenspiel von leuchtend gelb bis rot. Nach dem Abwerfen des Laubes kann man sie stark zurückschneiden. Keine Sorge, sie blüht am diesjährigen Holz, also am Neuaustrieb des nächsten Frühjahrs. Deshalb sieht man sie in Parks oder an Straßen südlicher Gefilde oft auf den Stamm zurückgeschnitten.

Die *Lagerstroemia indica* kann durch eine spezielle Schnitttechnik zur Skulptur werden: Die neuen Triebe der Hauptäste werden dabei jedes Jahr auf ein oder zwei Augen zurückgeschnitten. Dabei ist zu beachten, dass das Auge am Ende immer gegenüber der Wuchsrichtung liegt. So bildet sich nach ein paar Jahren eine interessante Zickzack-Struktur.

# 92 Lebensbäume

*Jedem sein grünes Symbol*

Ein Kind gezeugt, einen Baum gepflanzt, ein Buch geschrieben – dann habe man Sinn in sein Leben gebracht, so heißt es. Was mit dem uralten Brauch zu tun hat, jedem Neugeborenen in der Familie einen Baum zu pflanzen; früher oft für Mädchen einen Birnbaum, für Jungen einen Apfelbaum. Eine besondere Art von Willkommensgruß wurde im Norden Schleswig-Holsteins in Ulsnis an der Schlei gepflegt: Jeder neu Zugezogene, der im Ort willkommen war, bekam bei seinem Haus eine Blutbuche gepflanzt, im Volksglauben bekanntlich ein Schutzsymbol.

Beim sogenannten Keltischen Baumkreis werden 21 Baumarten diverse Eigenschaften zugeordnet und mit Geburtsdaten der Menschen verbunden. Erle, Hainbuche, Kastanie, Nussbaum, Eberesche, Esche, Pappel, Ahorn, Haselnuss, Linde, Weide, Zeder, Zypresse, Tanne, Kiefer, Ulme und Apfelbaum stehen jeweils für Phasen von ein paar Tagen. Eiche, Buche, Olivenbaum und Birke markieren vier einzelne Tage: die Tag-und-Nacht-Gleichen und die Sonnenwenden.

Von diesem Baumhoroskop wussten allerdings die alten Kelten gar nichts. Es ist die Erfindung des britischen Dichters Robert Graves. Er hat es 1948 im Buch »The White Goddess« aus keltischen Mythen entwickelt. Wissenschaftler bedenken die Sache mit Kopfschütteln. Es ist trotzdem eine hübsche Vorstellung, einen »eigenen« Lebensbaum zu haben. Der Baum der Autorin dieses Buches ist zum Beispiel die Zeder. Sie soll für Ausdauer, Entschlossenheit und Selbstsicherheit stehen. Der Mitautor ist im Zeichen der Eberesche geboren, was Gemeinschaftssinn bedeuten soll, den Wunsch die Welt zu verschönern, das Leben zu lieben und gefühlvoll zu sein (ist also das Autorenpaar nicht eine tolle Kombination?). Man muss so ein Baumhoroskop ja nicht tierisch ernst nehmen. Aber es kann doch eine nette Idee sein, den eigenen Lebensbaum im Garten zu haben. Bei viel Platz sogar die Bäume aller Familienmitglieder.

An verschiedenen Stellen Deutschlands und Österreichs sind solche Baumkreise gepflanzt und Eigenschaften sowie Zuordnungen der Bäume beschrieben. Zwei Beispiele: in Deutschland der Keltische Baumkreis in Kirchbachaue, 93491 Stamsried/Bayern, www.kraftweg.de/urlaub/keltischer-baumkreis; in Österreich der Lebensbaumkreis Am Himmel, Himmelstraße 125, 1190 Wien, www.himmel.at.

# 93 Die immergrüne Magnolie

*Eine Königin unter den Gartenbäumen*

Die Freude über die Blütenpracht gängiger Magnolien im Frühjahr ist groß, aber – seien wir ehrlich – den Rest des Jahres sind sie nicht besonders aufregend. Ganz anders die Immergrüne Magnolie (*Magnolia grandiflora*). Ihre Blätter sind rund ums Jahr eine Pracht: fest und oben glänzend dunkelgrün, unten bräunlich samtig. Sie wird endgültig zu einer Königin im Garten, wenn sie im Mai oder Juni ihre riesigen weißen Blüten trägt. Diese duften fein, was allerdings für die zweibeinigen Gartenbewohner nur in den unteren Regionen großer Pflanzen wahrnehmbar ist; die vielen »Duftzentren« oben gehören ganz den begeisterten Insekten.

Aus diesen Blüten entwickeln sich nicht minder interessante Früchte, erst grün, dann rötlich gefärbt, ehe sie im Zuge der Reifung verholzen, sich öffnen und knallrote, bohnengroße Samen fallen lassen. Daraus neue Pflanzen ziehen zu wollen, ist ein Geduldspiel. Besser funktioniert es, im Sommer kurze verholzte Ästchen in einem dunklen Wasserglas bewurzeln zu lassen und dann in einen Topf zu setzen. Blüten tragen die Pflanzen aber immer erst, wenn sie ein paar Jahre alt sind.

Darf die *Magnolia grandiflora* wachsen, wie sie will, wird sie entweder rasch zu einem beachtlichen Strauch oder sie wird durch Schnitt veranlasst, ein hoher Baum zu werden. Wenn die Magnolie betreffend Wachstum in irgendeine Richtung ausufert: kein Problem! Sie im Frühjahr zu schneiden, verträgt sie sehr gut. Sie mag Sonne und durchlässigen Boden. -10 Grad hält sie – so sie im Boden wachsen darf und nicht im Topf – gut aus. Manche ihrer Zuchtvarianten sind noch resistenter gegen Winterkälte. Man kann ihr in Form von Kieselsteinen eine wärmende Fläche rund um den Stamm auf den Boden legen. Kein Grund zu Sorge besteht, wenn sie im Frühjahr während des Neuaustriebes einige gelbe Blätter bekommt (vor allem innen und unten): Das ist ein normaler Vorgang.

Für alle, die in der Weihnachtszeit gern schöne Gestecke basteln, sind Äste dieser Magnolie mit den glänzenden Blättern eine haltbare Freude. Die trockenen Früchte fallen dann meist schon vom Baum und man kann sie einsammeln – als Dekor eine ausgefallene Alternative zu den üblichen Zapfen von Nadelbäumen.

# 94 Der Osagedorn

*Außergewöhnlich – auch der Früchte wegen*

Das war knapp! Wenn eine große, grüne Frucht von einem hohen Baum zu Boden fällt, kann der Spaziergänger von Glück sagen, nicht getroffen worden zu sein. Aber schön sind sie, die Früchte des Osagedorns (*Maclura pomifera*)! Bis zu einem Kilogramm schwer können sie werden, wenn sie im Frühherbst reif sind. Wie riesige grüne Orangen sehen sie auf den ersten Blick aus und sie enthalten bitteren Milchsaft. Womit geklärt ist, warum der Baum auch Milchorangenbaum genannt wird. Weil wir schon beim Erklären von Namen sind: Die Osagen und andere indigene Stämme Nordamerikas schnitzten aus dem Holz, das fäulnisresistent ist, ihre Bogen. Diese waren angeblich wertvoller als ein Pferd. Und die spitzen Dornen machten den Baum beliebt als lebenden Zaun. Voilà! Eben Osagedorn! Übrigens: Ein Farmer in Texas hat 1868 – angeregt durch diese stacheligen Äste – den Stacheldraht erfunden.

Erstaunlich, dass dieser schöne Baum in Gärten wenig Beachtung findet, denn er ist ein anspruchsloses Gewächs und absolut winterhart. Auf die ersten Früchte an einem weiblichen Osagedorn muss man allerdings mindestens zwölf Jahre warten. Es sind eigentlich Verbände aus Steinfrüchten. Als Dekor sind sie wundervoll, ihr zarter Duft nach Zitrusfrüchten füllt das Zimmer, so man einige von ihnen in einer Schale platziert. Zu essen sind sie allerdings nicht, jedenfalls für Menschen. Im botanischen Garten der Uni Wien erfährt man, dass sie zu Urzeiten vermutlich von mittlerweile ausgestorbenen großen Säugetieren, wie dem Präriemammut, gefressen wurden.

Ein oberitalienischer Gartenfreund weiß zu berichten, dass die Blätter früher im Zuge der Seidenraupenzucht als Futter für die Raupen verwendet wurden. Was bei genauer Betrachtung kein Wunder ist. Denn der Baum gehört zur Pflanzenfamilie der Maulbeergewächse. Und junge Blätter des Maulbeerbaums (*Morus*) sind bekanntlich die Leibspeise der Seidenraupen.

Inzwischen wurde auch eine kinder- und haustierfreundliche Sorte des Osagedorns gezüchtet: *Maclura pomifera* ›Inermis‹ hat fast keine Dornen.

# 95 Palmenträume

*Nicht nur für Villen und Schlösser*

»Palmen gehören ins Warmhaus.« So steht es in dem Buch »Der Garten und seine Jahreszeiten« aus dem Jahr 1929. Noch bis vor rund 15 Jahren wäre es kaum denkbar gewesen, abseits der Mittelmeerregion eine Palme in den Garten zu pflanzen. Nun erlaubt es das immer wärmere Klima, derlei mediterrane Träume umzusetzen. Mancher hat dafür nichts übrig, aber meist ist das südliche Flair durchaus begehrt, zumal wenn in der kalten Jahreszeit Kübel nicht mehr nach drinnen geschleppt werden müssen.

Die Chinesische Hanfpalme (*Trachycarpus fortunei*) macht es möglich. Sie hält auch Wintertemperaturen bis deutlich unter -10 Grad aus. Um 1830 wurden die ersten ihrer Samen vom bayerischen Arzt und Biologen Philipp Franz von Siebold nach Europa gebracht. Bald war die Hanfpalme in Parks von Villen und Schlössern sehr beliebt. Sie eroberte sich rasch auch die freie Natur: Als invasiver Neophyt, also nicht heimische Art, ist sie in vielen milden Regionen in der Ausbreitung kaum zu bremsen.

Anfangs wächst die *Trachycarpus fortunei* sehr langsam, ab dem dritten oder vierten Jahr geht es dann rascher voran. Man kann das Wachstum beschleunigen, indem man immer wieder ein paar der untersten Blätter direkt am Stamm abschneidet. Eindrucksvolle Blüten entstehen, wenn sie mindestens einen Meter hoch geworden ist. Sie ist zweihäusig, das heißt, es gibt Hanfpalmen mit weiblichen und andere mit männlichen Blüten. Letztere sind intensiver gelb gefärbt. Aus den weiblichen entstehen schwarze Kügelchen, die zu Boden fallen. Wer diese Hanfpalme im Garten hat, weiß, wie leicht aus diesen Samen unzählige kleine Palmen keimen. Denen muss man zu Leibe rücken, sonst entsteht rasch ein Palmenwald. Um diese unbändige Ausbreitung zu verhindern, schneidet man die Blüten vor der Reife ab. Was aber bei einer ausgewachsenen Hanfpalme, wenn sie prächtig acht, neun Meter in die Höhe ragt, kaum noch möglich ist.

Die unzähligen »Kinder« der Chinesischen Hanfpalme lassen sich in beliebte Geschenke für Pflanzenfreunde verwandeln: In Töpfe gesetzt, treiben die meisten Babypalmen an. Allerdings ist Geduld angesagt. Sie brauchen etwa zwei Jahre (mit frostsicherer Überwinterung), bis sie sich zu ernsthaftem Wachstum entschließen.

# 96 Der Taschentuchbaum

*Ein extravaganter Chinese*

Auf einem Schild im Physic Garden des Londoner Stadtteils Chelsea steht zu lesen: »*Davidia involucrata*. This ›Dove‹ or Handkerchief Tree from W. China was planted on 14th of June 1984 by his Royal Highness The Prince of Wales …«. In einem besonderen botanischen Garten – einem der ältesten Londons – ein besonderer Baum gepflanzt von einem besonderen Gartenfreund, nämlich Prinz Charles. Eine beachtliche Kombination! Als säßen weiße Tauben – englisch doves – auf seinen Ästen oder als wären Taschentücher auf einer Leine aufgereiht, so präsentieren sich im späten Frühjahr die Blüten des Taschentuchbaums (*Davidia involucrata*). Genaugenommen sind es die Hochblätter (Brakteen), die auffallen. Sie absorbieren UV-Licht und locken die bestäubenden Insekten an. Die kugelförmigen Blütenstände in der Mitte sind unscheinbar. Die Blätter ähneln denen der Linde und färben sich im Herbst prächtig goldgelb.

Dieser Baum ist in englischen Gärten wie gleichermaßen am europäischen Festland eine Rarität. Als Jungpflanze braucht er Kälteschutz, später ist er winterhart. Von Liebhabern verlangt er langen Atem: ob im Topf oder im Garten – *Davidia* wächst langsam; allerdings kann er ausgepflanzt bis zu 20 Meter hoch werden und entwickelt eine breite Krone. Den Taschentuchbaum aus Samen ziehen erfordert ebenfalls Geduld, weil es bis zum Keimen Monate dauert und auch, weil man mindestens zehn Jahre bis zur ersten Blüte wartet.

Die Gattung stammt aus den westlichen Bergregionen Chinas. Dort hat sie der Lazaristenmönch und Naturforscher Armand David 1868 entdeckt. Daher der Name *Davidia*. Selbst in China war der Baum ursprünglich wenig bekannt. In einer Abhandlung der Universität Wien steht zu lesen, dass selbst der chinesische Premierminister Zhou Enlai 1954 bei einem Besuch in Genf ganz überrascht gewesen sei, dass der auffallend blühende Baum, den er bestaunte, aus seiner Heimat stammte.

Wer Glück hat, kann in einem der botanischen Gärten, wo diese Bäume wachsen, einen Ableger erwerben. In spezialisierten Gartenbetrieben findet sich die meistens in Europa gepflanzte Varietät *Davidia involucrata* var. *vilmoriana* (benannt nach der französischen Baumschule Vilmorin). Sie verträgt tiefere Temperaturen.

# 97 Der Tulpenbaum

*Ein aufsehenerregendes Relikt*

Unglaublich! Es gab ihn schon im Erdzeitalter Tertiär. Dieser Baum mit den tulpenartigen Blüten wuchs also bereits vor vielen Millionen Jahren (wie übrigens auch der im vorigen Kapitel erwähnte Taschentuchbaum). Fossilien beweisen das. In zwei Arten existiert der Tulpenbaum heute: *Liriodendron tulipifera* ist in Nordamerika heimisch und *Liriodendron chinense* in Mittel-China. Dieses »disjunkte«, also örtlich getrennte Vorkommen, erklären Fachleute damit, dass im Tertiär das Verbreitungsgebiet zusammenhing, die Gattung in den Eiszeiten in Europa sowie in fast ganz Asien ausstarb und im klimatisch günstigeren Nordosten Amerikas sowie im Osten Asiens überlebte. So entwickelten sich die beiden verschiedenen Arten. Seit dem 17. Jahrhundert ist der Tulpenbaum auch in Europa wieder nachgewiesen. Heute wächst hier fast nur die amerikanische Variante, die chinesische ist außerhalb Chinas selten anzutreffen.

*Liriodendron tulipifera* erregt Aufmerksamkeit durch seine großen, gelb-orange gefärbten Blüten, die »Tulpen« seines chinesischen Verwandten sind eher grünlich. Unverkennbar präsentieren sich auch die vierlappigen Blätter der Tulpenbäume, die im Herbst in knalligem Gelb zum Spektakel werden. So kommt Indian-Summer-Atmosphäre überall auf, wo *Liriodendron* wächst. Im Kleingarten ist er fehl am Platz, denn er beansprucht jede Menge Raum: Er wächst so rasch wie die Pappel und kann durchaus 40 Meter hoch werden. Was ihn in den USA zu einem wichtigen Faktor in der Forstwirtschaft macht.

Im weitläufigen Garten ist er ein Baum für etliche Generationen, denn wo es ihm gut geht, erreicht er das biblische Alter von etwa 300 Jahren. Zumal auch kalte europäische Winter ihm gar nichts ausmachen. Auf seine prächtigen Blüten muss man allerdings lange warten: Im Normalfall erscheinen im Mai und Juni die »Tulpen« erst dann an seinen Ästen, wenn er den 20. Geburtstag hinter sich hat.

Der Tulpenbaum gehört zwar zu den Magnoliengewächsen (*Magnoliaceae*), hat aber mit der Tulpen-Magnolie (*Magnolia soulangeana*) weiter nichts zu tun. Die wird zwar auch manchmal Tulpenbaum genannt, Verwechslungsgefahr besteht aber schon aufgrund deren weiß-rosa Blüten nicht.

# 98 Der Acker-Schachtelhalm

*Plädoyer für einen Invasor*

Des einen Freud, des anderen Leid. Das passt gut auf den Umgang mit dem Acker-Schachtelhalm (*Equisetum arvense*). Denn wer ihn im Garten wachsen hat, mag vielleicht nicht, wie er sich mit seinen Rhizomen und Sporen überall hin ausbreiten will. Die Sporen verteilt er mittels der braunen Frühjahrstriebe. Aber seine grünen Sommertriebe mit den in Quirlen angeordneten Quertrieben sind hübsch anzusehen. Und er ist unglaublich nützlich!

In alten Zeiten hieß der Schachtelhalm auch Zinnkraut oder Pfannenputzer, denn Zinngeschirr, Metalltöpfe, Wannen und auch Holztische und -sessel lassen sich damit gut reinigen. Die in den Trieben enthaltenen Körnchen der Kieselsäure machen das möglich.

Der Biogärtner kommt nicht ohne *Equisetum arvense* aus. Mit Brühen oder Jauchen werden Pflanzen gedüngt sowie vor Pilzkrankheiten und Blattläusen geschützt. Wieder ein Verdienst der Kieselsäure, denn sie stärkt die Zellstrukturen und damit die Blattoberflächen der behandelten Pflanzen. Für eine Schachtelhalm-Brühe ein halbes Kilogramm frische Sommertriebe in fünf Liter Wasser einen Tag lang einweichen, dann aufkochen und 30 Minuten köcheln lassen, abkühlen und abseihen. Zum Besprühen der Pflanzen einen Teil Brühe mit fünf Teilen Wasser mischen. Für Jauche lässt man eine ordentliche Portion Schachtelhalmtriebe in einem Eimer zwei bis drei Wochen ziehen. Weil das geruchsintensiv ist, besser ganz hinten im Garten! Danach kann die Jauche pur oder mit Gießwasser zum Einsatz kommen. Gewebestärkend wirkt der Ackerschachtelhalm (als Tee oder im Badewasser) auch beim Menschen, außerdem ist er blutstillend, entzündungshemmend sowie gegen Blasen- und Nierenleiden helfend. Schon einmal Schachtelhalm als Gemüse und im Salat probiert? In Japan ist das üblich!

Bekommt der Acker-Schachtelhalm also doch einen Platz im Garten? Da empfiehlt sich jedenfalls eine mindestens 60 Zentimeter tiefe Rhizomsperre!

Achtung! Nicht den Acker-Schachtelhalm mit dem giftigen Sumpf-Schachtelhalm (*Equisetum palustre*) verwechseln. Der ist unter anderem daran zu erkennen, dass seine Quertriebe deutlich kürzer sind als die geschachtelten Stängelabschnitte.

# 99 Anzucht-Allerlei

*Ein paar Tipps zum Säen, Stecken und Antreiben*

Ein Blumentopf, etwas Erde vom Maulwurfshaufen (die kommt aus einer Tiefe, in der sich kaum noch Krankheitserreger befinden) und schon können die Samen der Pflanzen-Favoriten gesät werden. Die Dunkelkeimer werden leicht mit Erde bestreut, die Lichtkeimer klarerweise nicht. Jetzt leicht andrücken, warm und (nicht zu) feucht halten, eventuell mit einer Glasscheibe abdecken, bis die Pflänzchen erscheinen. Eine alte Weisheit: Viele Samen keimen schneller, wenn sie zuvor im Kühlschrank ruhen. Das baut keimhemmende Hormone ab.

Rosenstecklinge erfolgreich zum Treiben zu bringen, erfordert mehr Fingerspitzengefühl. Am besten kommen drei Augen des Stecklings unter die Erde, ein Auge plus einem Blatt bleiben oberhalb. Eine durchgeschnittene Plastikflasche rund um den Steckling in die Erde gedrückt sorgt für die nötige Luftfeuchtigkeit (mit der Ausgießöffnung oben – zur Belüftung). Jetzt stehen an einem schattigen Platz die Chancen gut für das Bewurzeln. Wer Weiden in der Nähe hat, kann die Wurzelbildung von Stecklingen fördern: etwas Rinde abschälen, über Nacht im Wasser stehen lassen und Stecklinge oder junge Pflänzchen darin eintauchen, ehe sie in die Erde kommen, am besten im Spätsommer. Zu dieser Zeit bewurzelt sich auch Oleander besonders rasch.

Das Wort Regrowing bedeutet, Gemüsereste zu nützen, also bestimmte Sorten im Wasser nachwachsen zu lassen. Das geht zum Beispiel mit Frühlingszwiebeln. Ist deren oberer Teil verspeist, muss der abgeschnittene Wurzelteil nicht in den Abfall. In einem Glas – knapp mit Wasser bedeckt – auf der hellen Fensterbank beginnt er wieder zu treiben (Wasser täglich wechseln). Das funktioniert auch mit abgeschnittenen Karottenköpfen. Es wachsen zwar keine Karotten nach, aber das Grün treibt frisch aus (das alte vorher kürzen!), wenn sich unten kleine Wurzeln gebildet haben. Karottengrün als Pesto oder im Salat ist ja nicht zu verachten.

Zu Großvaters Zeiten wurde Saatgut oft gebeizt, also zum Beispiel in Gazesäckchen für etwa eine halbe Stunde in einen Kräuterauszug (zum Beispiel aus Schachtelhalm) gelegt, dann getrocknet und am folgenden Tag ausgesät. Damit sollte die »Umfallkrankheit«, eine Pilzinfektion, vermieden werden.

# 100 Frostschutz

*Die Obsternte retten*

Was Wein- und Obstbauern hilft, kann auch den Hobbygärtner unterstützen: Wenn Spätfrost droht, können Wasser, Rauch oder Wärme zum Einsatz kommen. Speziell Marillen- und Pfirsichbäume blühen in Zeiten, in denen ein Kaltluftstrom aus dem Norden die Nachttemperaturen rasch unter 0 Gard sinken lässt. - 3 bis - 5 Grad halten die zarten Blüten ein paar Stunden aus, aber länger – also ein paar Nächte lang – nicht. Genauso gefährdet sind die jungen Triebe der Weinreben; sie halten nur -2 bis -3 Grad aus. Und es gilt: Trockener Frost bedeutet größere Schäden.

Abdecken mit Vlies (nie mit Plastik!) ist natürlich eine Lösung. Das geht gut bei Erdbeerpflanzen, weniger bei großen Obstbäumen oder einer Reihe von Weinreben. Profi-Winzer und -Obstbauern setzen in Frostnächten oft auf Beregnung, also auf das Besprühen der Blüten oder Jungfrüchte mit Wasser. Diese bekommen so einen Eispanzer, und die Kristallisationswärme schützt. Eine uralte Schutzmaßnahme ist das Räuchern. Da werden feuchte Strohballen verteilt und angezündet. Der Rauch kann zwar die Pflanzen schützen, ärgert aber vermutlich die Anrainer, von den $CO_2$- und Ruß-Emissionen ganz zu schweigen.

Der Ventilator, der im Haus gegen Sommerhitze zum Einsatz kommt, kann den Obstbaum im Garten vor Frost schützen. Denn die Luft weiter oben ist wärmer als die am Boden. Werden die Schichten durchgewirbelt, ist die Temperatur insgesamt etwas ausgeglichener. Bleibt noch das Heizen der Luft im Obst- oder Weingarten. Da ist die Rauch- und Rußentwicklung deutlich geringer, die Wärme aber sehr wirksam. Entweder werden mit Holz befüllte Blechtonnen zu Öfen oder es werden große Paraffinkerzen bei den zu schützenden Bäumen oder Rebstöcken verteilt. Diese sogenannten Frostkerzen sind in verschiedenen Größen erhältlich, aber nicht ganz billig. Egal ob in den Varianten Eimer oder Terracotta-Gefäß – in jedem Fall sind sie effektiv.

Frostschutz beginnt schon im Herbst. Werden Pflanzen mit ausreichend Kalium und Magnesium versorgt, wird das Wurzelsystem besser ausgebildet und die Pflanzen »verdursten« bei gefrorenem Boden weniger leicht. Durch Kalium können die Zellen auch besser Zucker einlagern, was wie ein Frostschutzmittel wirkt.

# 101 Der Kaffeesatz

*Nicht nur Regenwürmer sind Koffein-Junkies*

Ein Filterkaffee in der Früh, ein Espresso aus der italienischen Mokka-Kanne mittags – das belebt die Sinne. Zurück bleibt in jedem Fall Kaffeesatz. Diesen in den Müll zu kippen, wäre Ressourcenverschwendung. Denn er kann vielfältige Dienste leisten.

Erst muss er aber trocknen, sonst droht Schimmelbildung. Dann ist er bereit, als Dünger zum Einsatz zu kommen. Denn er steckt nicht nur voller Koffein, sondern enthält auch Stickstoff, der wichtig für das Blattwachstum ist, Kalium, das die Zellstrukturen stärkt und Phosphor, der wichtig für die Blütenbildung ist. Lauter Wirkstoffe also, die auch im Dünger aus dem Handel enthalten sind. Besonders Pflanzen, die leicht sauren Boden mögen, sind ausgeprägte Kaffeesatz-Junkies, also etwa Rhododendron, Kamelien und Hortensien. Rosen mögen es ebenfalls, immer wieder einmal rund um die »Füße« Kaffeesatz eingeharkt zu bekommen. Im Gemüsegarten sind Tomaten, Gurken und Zucchini gleichermaßen seine Fans, außerdem Erdbeeren, Heidelbeeren und im Kräutergarten besonders Schnittlauch und Petersilie. Pflanzen, die basische Böden lieben, wie Karotten, Sellerie oder Kohl, bevorzugen Kaffeesatz-Abstinenz.

Wer vorhat, die Fähigkeiten des Kaffeesatzes zum Lockern des Bodens einzusetzen, tut gut daran, sich mit einem Kaffee- oder Gasthausbesitzer gut zu stellen. Denn die im Haushalt anfallenden Mengen werden nicht reichen. Einen halben Eimer des braunen Pulvers pro Quadratmeter einzuarbeiten, macht Lehmboden lockerer, bei sandigen Böden erhöht sich die Kapazität, Wasser zu speichern.

In der Tierwelt hat der Kaffeesatz Freunde und Feinde. Regenwürmer, die im Kompost und in der Gartenerde wohnen, ernähren sich liebend gern von ihm. Ameisen mögen ihn gar nicht und siedeln von dort um, wo er gestreut wurde. Einige Schneckenarten verabscheuen Koffein ebenfalls. Weshalb es lohnt, Pflanzen wie Salat mit einer Sperrschicht zu umgeben.

Wenn Wespen kreisen und den zweibeinigen Gartenbewohnern das Essen und Trinken vermiesen, empfiehlt es sich, in der Nähe ein feuerfestes Schälchen mit angezündetem und dann glosendem Kaffeesatz aufzustellen. Der entstehende Rauch treibt die Wespen in die Flucht.

# 102 Noch mehr Kraftspender

*Kurioses und Praktisches*

Tote Süßwasserfische als Dünger für Tomaten? Hackfleisch vergraben bei den Rosen? Eine leere Sardinendose, um den Maulwurf aus seinen Gängen zu vertreiben? Kuriose Vorschläge gibt es genug. Nicht jedermanns Sache!

Doch genauso zahlreich sind heiße Tipps, die würdig sind, entdeckt beziehungsweise wiederentdeckt zu werden – abseits der bekannten Kräuterbrühen und -jauchen. Eine kleine Auswahl: Holzasche ist zu Unrecht vielfach vergessen. Sie enthält vor allem Kalisalz, Kalk und Bor, also wichtige Düngerbestandteile. Kartoffeln lieben es, beim Setzen einen Aschemantel zu bekommen, so bilden sie besser die Knollen. Holzasche wirkt auch pilzhemmend und desinfiziert so Schnittwunden der Pflanzen. Milch und Wasser im Verhältnis 1 zu 6 gemischt, ein Tropfen Spülmittel dazu – damit zu gießen stärkt und fördert das Wachstum. Das Kochwasser von Kartoffeln ist – sofern ungesalzen – als Dünger ebenfalls gut zu gebrauchen. Patentkali, im September verteilt, fördert die Frostfestigkeit empfindlicher Pflanzen. Ein paar Gramm Backpulver in Wasser aufgelöst und per Sprühflasche verteilt – bekämpft Pilzbefall sowie Läuse und Ameisen. Letztere flüchten auch vor Kieselalgenpulver, Wasser, in dem zehn Tage lang Zitronenschalen gelegen sind, oder etwa fünf Liter warmem Wasser, in dem ein Teelöffel Zimt aufgelöst ist. Etwas gemahlener Zimt, rund um Sämlinge gestreut, hilft gegen die Umfallkrankheit.

Fertige Hilfsmittel einkaufen? Nicht so einfach! Auf Mykorrhiza-Pilze – als Bodenverbesserer und für das Wurzelwachstum angepriesen – schwören manche sehr, andere weniger. Effektive Mikroorganismen, eine flüssige Mischung aus Milchsäurebakterien, Photosynthesebakterien und Hefen, sind zum Gießen und zum Besprühen der Pflanzen (auch nach Hagel!) sicher wirksam. Organische Dünge-Pellets ebenso; es dauert aber etwa acht Wochen, bis die Nährstoffe aufgenommen werden.

Der österreichische Gartenexperte Karl Ploberger empfiehlt beim Erwerb von organischem Dünger, auf der Packung die N-, P- und K-Zahlen zu kontrollieren, also zu schauen, ob die Anteile von Stickstoff, Phosphor und Kalium akzeptabel hoch sind.

# 103 Das Neem-Öl

*Wunderwaffe des Biogärtners*

Kein Zweifel, es stinkt! Aber es wirkt. Das Öl, das aus den Samen des indischen Neem-Baums (*Azadirachta indica*) – der auch Niem-Baum oder Indischer Flieder genannt wird – gewonnen wird, ist ein effektives Pflanzenschutzmittel für den Biogarten. Deshalb kann man schon damit leben, dass es nach einer Mischung aus Schwefel und Zwiebeln riecht.

Klarerweise ist es nicht der Geruch, der Schädlinge und Pilze auf den Pflanzen vertreibt. Es sind Azadirachtin, Salaninne und Nimbidin, um nur einige der mehr als 30 bisher identifizierten Wirkstoffe zu nennen, die ihnen den Garaus machen.

Ein paar Tropfen Neem-Öl in einem Liter lauwarmen Wasser (Verhältnis etwa 1 zu 100) gut durchgeschüttelt und ordentlich auf zu schützende oder befallene Pflanzen gesprüht – das reicht, um die Schädlinge zu vertreiben oder ihre Entwicklung auf für sie tödliche Weise zu stören. Es empfiehlt sich, Sprühaktionen nicht im prallen Sonnenschein vorzunehmen, sonst entstehen durch das Öl leicht Brandflecken auf den Blättern. Und auch nicht unmittelbar vor dem Regen, der alles wieder abwäscht. Blattläuse, Milben, Käfer und besonders die sich immer mehr verbreitenden Baumwanzen (*Pentatomidae*), die Früchte und Gemüse anstechen und so unbrauchbar machen, sind nach ein paar Tagen kaum noch in der Lage, ihr zerstörerisches Werk fortzusetzen. Die toxischen Wirkungen entfalten sich zum Glück nur bei Schädlingen, Nützlinge wie Bienen oder Marienkäfer bleiben unversehrt.

Auch gegen Pilzbefall ist dieses Öl ein geeignetes Mittel. So kann zum Beispiel der Zeitpunkt des Ausbrechens der Braunfäule bei Tomatenpflanzen zumindest deutlich verschoben werden, wenn man sie wöchentlich mit der Wasser-Neem-Öl-Emulsion spritzt.

Bleibt in der Sprühflasche ein Rest: ab damit ins Gießwasser. Das stärkt die Pflanzen von innen, denn Neem-Öl verbessert die Chlorophyllbildung und die Aufnahmefähigkeit von Eisen und Stickstoff.

Neem-Öl hilft auch Mensch und Tier: In der Kosmetik wird es in verschiedensten Produkten für Haut und Haare eingesetzt. Ein wenig davon auf der Haut verteilt und die Mücken halten sich vom Gärtner fern. Genauso sind Hunde und Katzen, die etwas Öl ins Fell gerieben bekommen, besser vor Zecken und Flöhen geschützt.

# 104 Schneckenqualen

*… wegen der Spanierin, die eine Französin ist*

Der Pflücksalat hat herrlich angetrieben. Am nächsten Morgen ist er weg. Klar: Es waren die Spanischen Wegschnecken! Ganz normal, dass den Gärtner nun Mordgedanken befallen. Zumal sich daneben in der Wiese auf etwa zwei Quadratmeter abgezählte 117 dieser Schleimer versammelt haben. Es hat schließlich geregnet.

Die häufigste und schädlichste Nacktschneckenart Mitteleuropas ist aber gar keine Spanierin, sondern Französin. Die ursprüngliche Annahme, sie sei mit Gemüse aus Spanien eingeschleppt worden, ist inzwischen widerlegt. Genetische Untersuchungen haben gezeigt, dass die Spanische Wegschnecke gar nicht *Arion lusitanicus*, sondern die aus Westfrankreich stammende *Arion vulgaris* ist.

Interessante Erkenntnisse, die aber an der Schneckenqual nichts ändern. Das Thema ist nicht ohne Hang zur Grausamkeit zu erörtern. Die Schneckenmord-Methoden sind bekannt vielfältig. Unter den »todsicheren« Tipps sei der von Barbara Frischmuth erwähnt, die nicht nur eine sehr reflektierte Schriftstellerin, sondern auch eine großartige Gartenexpertin ist. Sie neigt zur Scherenmethode, wie sie mehrfach beschrieben hat: den Schnitt von hinten durch das Rückgrat der Schnecke, angeblich die schnellste und beste schmerzreduzierende Todesart. Grausamkeit ist bei diesem Thema auch offiziellen Stellen nicht fremd. Das Österreichische Bundesumweltamt empfiehlt auf seiner Internetseite zu Neobiota das händische Absammeln und Abtöten durch Einfrieren.

Im Biogarten ist jedenfalls wichtig, nur Schneckenkorn auf Eisen-III-Phosphat-Basis zu verwenden. Nematoden, erhältlich im Gartenfachhandel und verteilt im Gießwasser, gehen den Schnecken ans Leben. Und glücklich, wer grauschwarz gefleckte Tigerschnegel (*Limax maximus*), auch Tigernacktschnecken genannt, im Garten findet. Die ernähren sich nicht nur von Eiern der Wegschnecken, sondern auch von Jungschnecken. Die Pflanzen lassen sie in Ruhe.

Der Trost für Gärtner sind Pflanzen, die von Schnecken verschmäht werden. Eine lange Liste solcher Gewächse ist zu finden auf https://schneckenhilfe.de. Die Erfahrung zeigt allerdings: Nicht alle Schnecken halten sich an diese Liste!

# 105 Blüten aus Kindertagen

*Den Garten von einst wiederbeleben*

Eintauchen in die Erinnerung: Im Frühling dufteten die Fliederbüsche, mit einfachen und doppelten Blüten in Weiß und dunklem Lila. Im Sommer standen die Gladiolen leuchtend bunt neben der vom Wilden Wein überwachsenen Laube, die Erdbeeren trugen stets im Überfluss, die kleinen, saftigen Äpfel vom Baum mit dem hübschen Sortennamen ›Kronprinz Rudolf‹ schmeckten hinreißend und Mutters ganzer Stolz war der Phlox.

Sie hatte keine Ahnung davon, dass auch Karl Foerster, der berühmteste deutsche Staudenzüchter des 20. Jahrhunderts, den *Phlox paniculata* liebte, erfolgreich neue Sorten züchtete und schrieb: »Ein Garten ohne Phlox ist nicht nur ein bloßer Irrtum, sondern eine Versündigung gegen den Sommer.«

Dass die Gladiole (*Gladiolus*) wegen ihrer spitzen Blätter den Namen vom römischen Kurzschwert »Gladius« bezog, war damals uninteressant, Hauptsache, einige besonders schöne Blüten konnten in eine Bodenvase im Wohnzimmer übersiedeln. Wenn im Herbst die Gladiolenzwiebeln vorsichtig aus dem Beet gegraben und im Frühjahr liebevoll wieder eingesetzt wurden, halfen die Kinder begeistert mit.

Was nicht so alles aus der Erinnerung auftaucht, wenn man es nur zulässt. Die Erinnerungen neu entstehen zu lassen im Garten der Gegenwart, mit Pflanzen, welche die Idylle der Kindertage widerspiegeln, verschafft Glücksgefühle. Wer schon in ganz jungen Jahren einen Garten hautnah erleben durfte, verfügt über enormes emotionales Potenzial bei der Gestaltung seiner grünen Welt. Keine Sorge, die Kronprinz-Rudolf-Äpfel schmecken in der Gegenwart noch immer so gut wie damals. Und der Rosenbusch, der vor einem halben Jahrhundert gesetzt wurde, ist noch da. Lange war er unbeachtet, somit bekamen Wildtriebe die Überhand. Aber als riesiger Wildrosenstrauch – im Frühjahr voller hübscher weißer Blüten – lässt er den Garten der Erinnerung noch immer lebendig werden. Welch ein Glück!

Eine Pflanze der Erinnerung ist sicher die Echte Kamille (*Matricaria chamomilla*), die »Pflanze der Mütter«. Der beruhigende Duft durchzog einst viele Gärten. Die Erinnerung an den Kamillentee der Kinderzeit mag nicht nur freudvoll sein, sie aber deswegen als Unkraut aus dem Garten zu verbannen, wäre schade.

# 106 Vom Genießen

*Nur kein Stress im Garten!*

»Adam war ein Gärtner, und Gott, der ihn erschuf, sorgt dafür, dass die Hälfte aller guten Gartenarbeit auf den Knien erledigt wird. Wenn also deine Arbeit beendet ist, kannst du deine Hände waschen und beten, dass die Herrlichkeit des Gartens niemals vergehen möge!« So schrieb der britische Dichter und Literaturnobelpreisträger Rudyard Kipling in seinem Gedicht »The Glory of the Garden«.

Wir sind uns doch einig, dass das Genießen des Gartens das Ziel aller unserer Aktivitäten ist? Auch wenn das manchmal schwerfällt, wenn der Rücken schmerzt nach einem Tag der Beschäftigung mit der Pflanzenwelt. Gartenstress? Stopp! Wozu gibt es die beschaulichen Sitzplätze? Die Ruhe lässt sich genussvoll erleben! Die Schönheit ebenso. Die Rosenknospe gehört genossen, ohne darauf zu achten, dass die Ackerwinde sich am Stängel hochrankt!

Das Glück des Gärtners ist umfassend. Der Staudengärtner Karl Foerster verstand sich auch als Gartenphilosoph. Er prägte den Begriff vom »Garten für intelligente Faule« und meinte damit einen Garten, der bei möglichst wenig notwendiger Pflege größtmögliche Schönheit zeigt.

Der österreichische Gartenexperte Karl Ploberger, im deutschen Sprachraum bekannt durch seine TV-Sendung »Natur im Garten« (im ORF und auf 3sat ausgestrahlt), pflegt dieses Motto weiter. Er verbindet es mit der Philosophie von Marie-Luise Kreuter (1937–2009), der deutschen »Mutter des Biogärtnerns«. Bis heute ist ihr Buch »Der Biogarten« (erschienen 1981) ein Standardwerk. Darüber fachsimpelt Ploberger gern mit gleichgesinnten deutschen Kollegen wie dem Gartenexperten des Mitteldeutschen Rundfunks (MDR), Horst Schöne, auch ein leidenschaftlicher Jünger von Foerster und Kreuter. Für Ploberger gilt im Garten eine 3-G-Regel: »Gelassenheit, Geduld, Genuss«. Was in seinen Augen einen besonderen Garten ausmacht? »Wenn er Einzigartiges und große Vielfalt bietet!«

Mehr über Karl Ploberger auf www.biogaertner.at und über Horst Schöne auf www.mdr.de/mdr-garten. Wer an Karl Foerster und seiner Gartenphilosophie interessiert ist, der muss unbedingt den von ihm angelegten Garten in Potsdam-Bornim besuchen – und genießen! www.denkmalschutz.de/denkmal/wohnhaus-und-garten-karl-foerster

# 107 Glücksbringer

*Was der Klee kann, können andere auch*

»Glück ist kein Geschenk der Götter, sondern die Frucht innerer Einstellung.« So definierte der Psychoanalytiker Erich Fromm den unser aller hehren Ansatz. Wie regelmäßig zum Jahreswechsel zu beobachten ist, sollen Glücksbringer hier ein wenig nachhelfen. Wie viele Kleepflanzen erst verschenkt und dann innerhalb kürzester Zeit zu Tode gepflegt werden! Zu warm, zu wenig Licht und zu viel Wasser – das sind die Faktoren, die den Vierblättrigen Glücksklee (*Oxalis tetraphylla*) meist das Leben kosten. Wer diese Fehler vermeidet, freut sich im Frühjahr an seinen Blüten. Zum Beispiel an den zartroten des charmanten *O. tetraphylla* ›Iron Cross‹. Man kann den Klee auch einziehen lassen, lagert dann trocken die kleinen Zwiebeln und topft sie im Frühling neu ein. Wenn die Frostgefahr vorbei ist, kann er ins Freie.

Wenn wir davon ausgehen wollen, dass zum Glück auch Geld gehört, dann bemühen wir den Geldbaum (*Crassula ovata*) als Symbol für monetäre Freuden. Er zählt zu den Sukkulenten und hat dementsprechend dicke Blätter als Wasserspeicher. Sie erinnern an Münzen, was den Namen erklärt.

Wenn die »Kohle« so leicht zu verdienen wäre wie der Geldbaum zu pflegen und wenn sie sich so gut vermehrte wie er flott wächst, wäre das praktisch. Im Winter drinnen ein kühler Platz, im Sommer draußen im Halbschatten, alle zwei Jahre umtopfen: Dann kann *C. ovata* bald auch zwei Meter Höhe erreichen. Wenn er etwa zehn Jahre alt ist und sich wohlfühlt, setzt er im Winterquartier zarte weiße Blüten an.

Ein Glücksbote aus Australien ist der Eukalyptus. Im Volksglauben hat derjenige Glück, der einen Zweig dieses Baumes auf den Hut steckt. Und Eukalyptus-Duft soll bekanntlich die Glückshormone wecken. Das spricht dafür, ein Exemplar in den Garten zu pflanzen; *Eucalyptus gunnii* zum Beispiel, der ist bis -15 °C winterhart. Als Kübelpflanze braucht er aber ein frostfreies Winterquartier.

Indoor-Glück gefällig? Als Zimmerpflanze ein rares Glücksgewächs ist der Chinesische Geldbaum. Wie am botanischen Namen *Pilea peperomioides* zu erkennen ist, hat er mit dem sukkulenten Geldbaum nichts zu tun. Er gehört zu den Brennnesselgewächsen (*Urticaceae*). An langen Stielen sitzen runde Blätter. Ob die an Glückstaler oder an Ufos erinnern? Ansichtssache!

# 108 Großmutters Wissen

*Zu schade, um vergessen zu werden*

Es war nach dem Zweiten Weltkrieg ein gängiges Bild: Großmütter standen in ihren ärmellosen Kleiderschürzen zwischen den Gartenbeeten und inspizierten kritisch die Lage. Sie merkten sofort, wenn Kinder wieder einmal in einem unbeobachteten Moment ein paar Erdbeeren geklaut hatten. Der Grund, dass die Pflanzen besonders viele Früchte trugen, war für sie die Tatsache, dass im Beet Brennnesseln wachsen durften, ehe die Erdbeeren im August fürs nächste Jahr gesetzt wurden. »Sie lockern mit ihren Wurzeln den Boden«, wussten die Großmütter. Ihr Wissen teilten sie gern mit jedem, der im Garten half.

Da war zu erfahren, dass man Kletterbohnen besser an einer frischen Wäscheleine in die Höhe zieht, denn in den hölzernen Stangen des Vorjahres halten sich die Sporen des Bohnenrosts. Bittere Gurken! Welche Enttäuschung! Die ist zu vermeiden, wussten die Großmütter, wenn die Gurken nicht bei warmem Sonnenschein geerntet werden und wenn sie nicht bei Wärme mit zu kaltem Wasser gegossen oder gar nach längerer Trockenheit stark gebadet werden. Geschält werden sollen Gurken deshalb immer von jenem Ende, an dem die Blüte saß, in Richtung zum Ende mit dem Stängel – und nie umgekehrt! Übrigens: Lauwarmer Gurkensaft vermischt mit Honig hilft gegen Husten.

Immer daran denken, so hieß es, dass Ribiseln/Johannisbeeren besonders gut gedeihen, wenn man Wermutkraut (*Artemisia absinthium*) darunter pflanzt. Erstaunlich, denn fast alle anderen Pflanzen mögen Wermut in ihrer Umgebung gar nicht. Vögel auch nicht: Getrocknete, zerriebene, intensiv riechende Wermutblätter über Ausgesätes zu streuen hält sie davon ab, die Saatkörner gleich nach dem Aussähen auszugraben.

Viele großmütterliche Beobachtungen wurden auf kleine Zettel geschrieben und in die Taschen der Kleiderschürzen gesteckt. So endeten manche in der Waschmaschine; aber zum Glück blieb doch viel Wissen erhalten.

Das Netzwerk »Natur im Garten«, 1999 vom Bundesland Niederösterreich gegründet, gibt eine Menge Wissen zum naturnahen Gärtnern weiter. Inzwischen ist eine europaweite Bewegung daraus geworden, mit Vereinen auch in einigen deutschen Bundesländern. Die inhaltlichen Pfeiler sind: Keine Pestizide, keinen Kunstdünger und keinen Torf zu verwenden und die Artenvielfalt zu fördern. www.naturimgarten.at

# 109 Handgefertigt

*Duftbomben aus Lavendel*

»Wenn du nicht schlafen kannst und verspannt bist, nimm dir doch das Lavendelsäckchen zum Kopfpolster!« Derlei innerfamiliärer Hinweis auf die beruhigende Wirkung des Lavendeldufts ist zweifellos kein Einzelfall. Generationen von Müttern und Großmüttern haben Stoffsäckchen genäht. Lavendel im Garten – eine Selbstverständlichkeit. Weil wohl in alten Zeiten an Stoff gespart werden musste, entstand zunächst im bäuerlichen Bereich die Idee zu einer praktischen Alternative. Diese sieht aus wie eine Kinderrassel und wird je nach Gegend Lavendelzapfen, -bommel oder -stab genannt.

Es ist ein Beispiel, dass zum Gartenglück auch das Basteln zählt. Nachahmen ist einfach: ein wenig Geschick, eine Küchenschnur oder Bast und eine Schere genügen. Wichtig ist, die Lavendelblüten abzuschneiden, wenn sie noch nicht ganz aufgeblüht sind. Dann ist der Duft am intensivsten. Und wichtig ist auch, die abgeschnittenen Blüten mit langen Stielen gleich zu verarbeiten, denn diese Stängel müssen frisch und elastisch sein, sonst brechen sie. Lavendel hat oft kleine Seitenblüten, die sollten entfernt werden. Nun ein dickes Büschel (etwa 40 Stück) so zusammennehmen, dass die Blüten auf einer Höhe enden. Direkt unterhalb der Blüten werden die Halme fest zusammengebunden. Dann können sie rund um diese Bindestelle nach außen geknickt und über die Blüten gebogen werden, sodass sie ein Körbchen bilden. Gleichmäßiges Verteilen der Stiele ist wichtig, sonst fallen später die trockenen Blütenteile heraus. Nun unterhalb dieses Körbchens die Halme wieder fest zusammenbinden, eventuell vorher das Büschel ein wenig in sich verdrehen.

Wer diesen Duftbomben in einen Schrank hängen will, macht mit dem Bindematerial gleich noch eine Schlaufe. Wo auch immer dieses Gebilde zum Einsatz kommt: es steht dem Lavendelsäckchen im Verbreiten von angenehmem Duft und damit Entspannung in keiner Weise nach.

Egal ob im Frühjahr die Lavendeltriebe gekürzt werden, um die Pflanze kompakt zu halten, oder im Sommer wegen der Blüten die Schere angesetzt wird – es gilt immer darauf achten, nicht ins mehrjährige, alte Holz zu schneiden. Dort treibt der Lavendel nicht mehr nach!

# 110 Der Mond

*Selbst ausprobieren, was er kann*

Was ist da los? Der Most im Glasballon gärt so heftig, dass der Schaum trotz Gäraufsatz herausgedrückt wird. Zwei Tage später ist alles wieder ruhig. Bald danach der Blick in ein Buch über Wirkungen des Mondes: Da steht doch tatsächlich zu lesen, dass an diesen Tagen eine Konstellation herrschte, die Gärprozesse besonders beschleunige. Natürlich kann es Zufall sein, dass der Most diesmal hyperaktiv war. Aber vielleicht hat doch der Erdtrabant mitgespielt?

Unter Hobbygärtnern lässt sich über die Wirkung des Mondes trefflich streiten. Pro und Kontra werden gleichermaßen engagiert vertreten. Jedenfalls haben sich Menschen seit Jahrhunderten nachgewiesenermaßen danach gerichtet, ob der Mond gerade zunimmt oder abnimmt, aufsteigend oder absteigend ist. Was nur die simpelsten der unzähligen Regeln sind. Wir wollen hier ganz persönlich werden: Eigene Beobachtungen zählen. Als unserem Nussbaum Äste wegzunehmen waren, machte es einen großen Unterschied, ob wir das bei abnehmendem, absteigendem Mond taten, dann trat nämlich wenig Flüssigkeit aus den Schnittwunden aus. Oder bei zunehmendem und aufsteigendem Mond, da schien der Baum in Gefahr zu sein, völlig auszurinnen. Wir sehen auch jedes Frühjahr, dass Samen besser keimen und frisch gesetzte Gemüsepflanzen besser gedeihen, wenn wir auf den richtigen Tag – entsprechend dem Mondkalender – achten. Und unser Rasen wächst tatsächlich langsamer nach, wenn er bei absteigendem Mond kurz vor dessen niedrigstem Stand gemäht wird.

Man muss nicht esoterisch angehaucht sein, um etwa die Überlegungen der Mystikerin und Benediktinerin Hildegard von Bingen (1098–1179) zur Beziehung zwischen dem Wachstum der Pflanzen und dem Mond spannend zu finden. Vieles, was bis heute zu dem Thema geschrieben wurde, leitet sich von ihren Texten ab. Reflektieren und selbst ausprobieren – auch ein Rezept am Weg zum besonderen Garten.

Auch wenn es mit wissenschaftlichen Beweisen bei manchen Thesen hapert: Mondkalender boomen – gedruckt und im Internet. Bei aller Skepsis können sie eine Grundlage für das eigene Erforschen möglicher Wirkungen der Mondphasen sein. Schließlich ist die Anziehungskraft des Mondes auch nachweislich die Ursache für Ebbe und Flut.

# 111 Saisonende

*Mit allen Sinnen durch den Herbst*

Alles schon winterfest! Mediterrane Topfpflanzen sind ins Gartenhaus übersiedelt … die letzten grünen Tomaten samt den Stängeln abgeschnitten und zum Nachreifen in den Keller gehängt … abgefallene Blätter von der Wiese gerecht und unter Stauden als Mulch verteilt … ein paar noch immer blühende Rosen für die Vase ins Haus geholt. Einige dürfen stehen bleiben; sie sehen bezaubernd aus, wenn der erste Raureif sie überzieht. Deshalb sollen genauso die Stauden im Blumenbeet stehen bleiben, auch weil ihre Samen oder Beeren den Vögeln über die kalte Zeit helfen. Die Blätter des Perückenstrauchs (*Cotinus coggygria*) leuchten schon feuerrot, ebenso der Korkflügelstrauch (*Euonymus alatus*). Ein Schwarm von Spatzen fliegt mit Gezwitscher aus verblühten Goldruten (*Solidago*) auf, deren Samen sie lieben. Was allerdings die hemmungslose Ausbreitung dieser Pflanze fördert.

Jeder Garten hat seine eigene Musik. Das gilt auch für den Herbst. Dessen Schönheit kann man nicht nur an den intensiven Farben erkennen, man kann sie genauso hören – wie die von Frühling und Sommer. Etwa wenn die Eichelhäher mit schnarrendem Ruf umher zischen und wie wild Eicheln sammeln. Wo ihre Verstecke sind, zeigt sich im Frühjahr, wenn dort kleine Eichen aufgehen.

Auf den malerisch geringelten, inzwischen blattlosen Ästen der Korkenzieher-Hasel (*Corylus avellana* ›Contorta‹) sitzen mehrere Kohlmeisen und scheinen sich durch leises Ziepen zu unterhalten. In die Samen der Sonnenblume verbeißen sich – Kopf nach unten – zwei Stieglitze und finden zwischendurch Zeit, aufeinander zu schimpfen.

Wenn der erste Schnee gefallen ist und dieser alles weiß leuchten lässt, knirscht es beim Gartenrundgang so schön unter den Füßen. Aber man bleibt besser auf den Wegen. Denn wer den Rasen bei Frost – egal ob Schnee oder Raureif – betritt, riskiert Schäden an den Zellen der Gräser. Das bremst den Austrieb im Frühjahr.

Winterschutz für Pflanzen bedeutet nicht nur Schutz vor der Kälte, sondern auch vor starker Sonnenstrahlung, besonders wenn die Nächte frostig sind. So ein Wechsel kann tödlich sein. Ob Äste von Nadelbäumen oder ein Vlies als Schutz geeigneter sind, hängt von der Pflanze und den Temperaturen ab.

Marisa Becker, Peter Becker
**111 ungenutzte Pflanzen, die man gegessen haben muss**
ISBN 978-3-7408-1200-3

Klaudia Blasl
**111 tödliche Pflanzen, die man kennen muss**
ISBN 978-3-7408-0441-1

Carsten Neß, Theo Haart
**111 Tiere und Pflanzen an der Mosel, die man kennen muss**
ISBN 978-3-7408-0563-0

Kirstin von Glasow
**111 Gärten in London, die man gesehen haben muss**
ISBN 978-3-7408-0141-0

Elke Pistor
**111 Katzen, die man kennen muss**
ISBN 978-3-95451-830-2

Maria Teresa Carbone
**111 Hunde, die man kennen muss**
ISBN 978-3-7408-0477-0

Monika Mansour
**111 Pferde, die man kennen muss**
ISBN 978-3-7408-0444-2

Holger Grumt Suárez, Roland Grumt Suárez
**111 Insekten, die täglich unsere Welt retten**
ISBN 978-3-7408-0628-6

Theo B. Pagel, Brian Batstone
**111 Dinge über Elefanten,**
**die man wissen muss**
ISBN 978-3-7408-0349-0

Rudolf Jagusch,
Susanne Jagusch
**111 Dinge über Schweine,**
**die man wissen muss**
ISBN 978-3-7408-0990-4

Walter M. Weiss, Ulrich Wernery
**111 Dinge über Kamele,**
**die man wissen muss**
ISBN 978-3-7408-1206-5

Roland Grumt Suárez,
Holger Grumt Suárez
**111 Dinge über Affen,**
**die man wissen muss**
ISBN 978-3-7408-1214-0

Annett Klingner,
Pascal Klunder, Katja Erdmann
**111 Dinge über Katzen,
die man wissen muss**
ISBN 978-3-7408-1204-1

Marion Rapp
**111 Schätze der Natur rund
um den Bodensee, die man
gesehen haben muss**
ISBN 978-3-95451-619-3

Karin Blessing
**111 Schätze der Natur
im Schwarzwald, die man
gesehen haben muss**
ISBN 978-3-95451-701-5

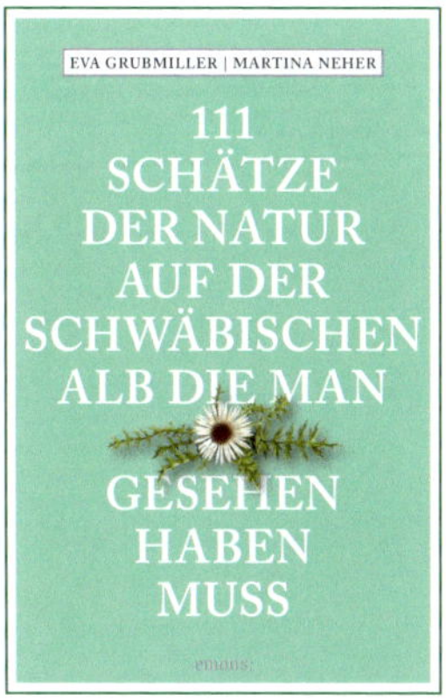


Eva Grubmiller, Martina Neher
**111 Schätze der Natur auf
der Schwäbischen Alb, die
man gesehen haben muss**
ISBN 978-3-7408-0248-6

Patricia Szilagyi
**111 extreme Orte in Europa, die man gesehen haben muss**
ISBN 978-3-7408-0863-1

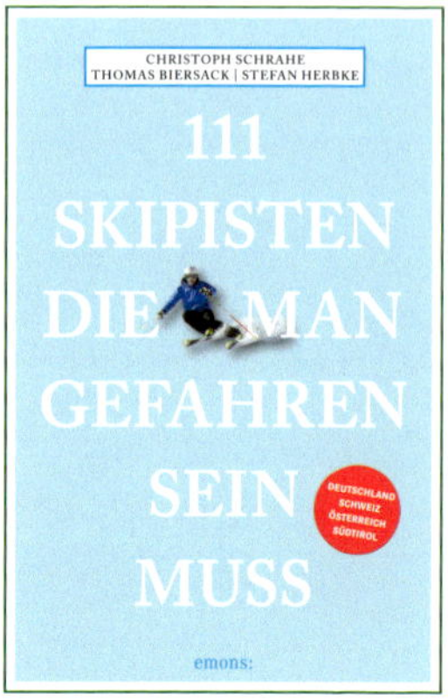


Christoph Schrahe,
Stefan Herbke,
Thomas Biersack
**111 Skipisten, die man gefahren sein muss**
ISBN 978-3-7408-1600-1

Tatiana Morlock
**111 Alltagsabenteuer, die glücklich machen**
ISBN 978-3-7408-1383-3

Michael Begasse
**111 royale Momente für die Ewigkeit**
ISBN 978-3-7408-1223-2

Carsten Henn
**111 Weine aus aller Welt, die man getrunken haben muss**
ISBN 978-3-7408-0859-4

Pierre Thomas
**111 Schweizer Weine, die man getrunken haben muss**
ISBN 978-3-7408-1301-7

Daniela Dejnega, Luzia Schrampf
**111 Weine aus Österreich, die man getrunken haben muss**
ISBN 978-3-7408-0618-7

Daniela Dejnega, Luzia Schrampf
**111 Schaumweine aus aller Welt, die man getrunken haben muss**
ISBN 978-3-7408-1222-5

Carsten Henn
**111 Deutsche Weine, die man getrunken haben muss**
ISBN 978-3-7408-0732-0

HP Mayer
**111 Orte in Deutschland für echte Weingenießer**
ISBN 978-3-7408-0371-1

Jens Dreisbach
**111 Gins, die man getrunken haben muss**
ISBN 978-3-7408-0571-5

Bernd Imgrund
**111 Whiskys, die man getrunken haben muss**
ISBN 978-3-7408-0242-4

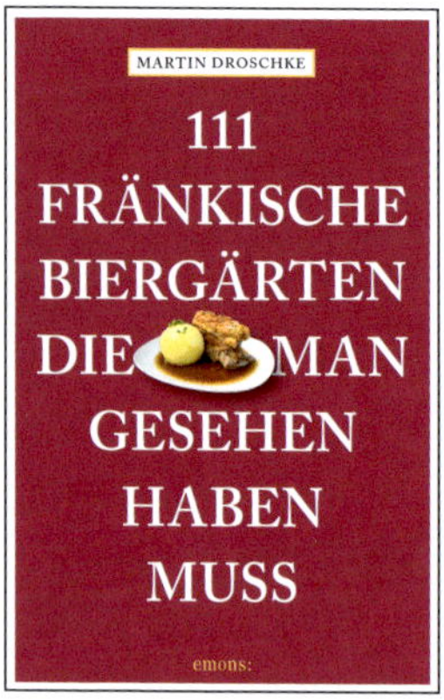


Martin Droschke
**111 fränkische Biergärten, die man gesehen haben muss**
ISBN 978-3-7408-0851-8

Martin Droschke
**111 Biere aus Altbayern und Bayerisch-Schwaben, die man getrunken haben muss**
ISBN 978-3-7408-1069-6

Martin Droschke, Norbert Krines
**111 deutsche Craft Biere, die man getrunken haben muss**
ISBN 978-3-7408-0338-4

Martin Droschke,
Norbert Krines
**111 Fränkische Biere, die man getrunken haben muss**
ISBN 978-3-95451-922-4

**Gisela Hopfmüller** ist seit 2010 freie Journalistin und Buchautorin, zuvor war sie 26 Jahre lang als Journalistin und Abteilungsleiterin beim ORF (Österreichischer Rundfunk) tätig. Der gemeinsame Zweitwohnsitz in Friaul-Julisch Venetien bietet seit 2002 viel Raum für intensive Beschäftigung mit Garten und Weingarten, die Basis für viel Wissen, das in das Buch »111 Ideen für einen besonderen Garten« eingeflossen ist. Zuvor ist 2019 ihr Buch »111 Orte in Friaul und Julisch Venetien, die man gesehen haben muss« erschienen, 2021 ihr Buch »111 Orte in Kärnten, die man gesehen haben muss«.
www.facebook.com/hopfmueller.hlavac

**Franz Hlavac** ist seit 2010 freier Journalist und Buchautor, zuvor war er 36 Jahre lang als Journalist und Abteilungsleiter beim ORF (Österreichischer Rundfunk) tätig. Er ist verheiratet mit Gisela Hopfmüller seit 1997. Seit 2002 haben sie einen zweiten Wohnsitz in Friaul-Julisch Venetien und sind ausgewiesene Experten für diese italienische Region. 2019 ist ihr Buch »111 Orte in Friaul und Julisch Venetien, die man gesehen haben muss« erschienen, 2021 ihr Buch »111 Orte in Kärnten, die man gesehen haben muss«.
www.facebook.com/hopfmueller.hlavac